Hugo Hoffmann

Einführung in die Phonetik und Orthoepie der deutschen Sprache

Hugo Hoffmann

Einführung in die Phonetik und Orthoepie der deutschen Sprache

ISBN/EAN: 9783744600385

Hergestellt in Europa, USA, Kanada, Australien, Japan

Cover: Foto ©ninafisch / pixelio.de

Weitere Bücher finden Sie auf **www.hansebooks.com**

Einführung

in die

Phonetik und Orthoepie der deutschen Sprache.

Für Volksschullehrer, angehende Taubstummenlehrer, wie für alle Freunde der Phonetik unter Benutzung der besten Quellen

leichtfasslich dargestellt

von

Hugo Hoffmann,
ordentl. Lehrer an der Taubstummen-Anstalt zu Ratibor.

Mit einer Tafel.

Marburg.
N. G. Elwert'sche Verlagsbuchhandlung.
1888.

Vorwort.

Was mich in so kurzer Frist ein zweites Werkchen erscheinen zu lassen veranlasste, waren zwei Gründe, einmal war es die Notwendigkeit, dem Volksschullehrer ein Hilfsmittel in die Hand zu geben, um die Ergebnisse der Phonetik im Unterricht zu verwerten. Denn wenn der Lehrer aus streng wissenschaftlich gehaltenen Werken sich seine diesbezüglichen Kenntnisse zusammenholen sollte, so würde dies, abgesehen davon, dass er es oft nicht imstande ist, viel kostbare Zeit erfordern. Vorliegendes Werkchen soll nun diesem Uebelstande abhelfen. Hier findet der Lehrer das, was er zunächst braucht, will er dann weiter gehen, so wird er getrost zu einem umfangreicheren Werke greifen und es mit Nutzen gebrauchen können. Zur Zeit verhält sich ja immer noch zum grossen Teil die Volksschule kalt gegenüber den Bemühungen einzelner bedeutender Phonetiker, wie Techmer und Vietor, welche die Phonetik in den Dienst der Schule zu stellen anstreben. Doch hoffen wir, dass es auch damit einmal anders wird. — Was mich zum zweiten zu der Herausgabe dieser Schrift veranlasste, waren die mir gewordenen Anerkennungen bezüglich meiner Schrift: Ueber Sprachentwicklung etc. Ich darf hier erwähnen, dass ich mich damals täuschte, als ich glaubte, Gegner meiner dort ausgesprochenen Ansichten zu erhalten. Offen ist mir Niemand bis jetzt entgegengetreten.

Dass ich mich bei Abfassung dieser Arbeit der besten Quellen zum Studium bedient habe, geht schon aus der Angabe derselben im Texte hervor. Ein weiteres darüber zu sagen, wäre vom Übel. Doch fühle ich mich gedrungen, Herrn Dr. Techmer in Leipzig und der Verlagsbuchhandlung Barth ebenda für die Erlaubnis des Abdruckes der am Schlusse befindlichen Tafel meinen besonderen Dank an dieser Stelle auszusprechen. Die im Texte stehenden Ziffern beziehen sich auf diese Tafel. Mehr Abbildungen dem Werkchen beizugeben, war wohl mein Wunsch, doch musste ich davon abstehen, um es nicht unverhältnismässig zu verteuern.

Die Gliederung zu begründen, dürfte mir wohl bei der Einfachheit derselben erlassen bleiben.

Schliesslich sei noch erwähnt, dass nach dem Titel das Buch auch für angehende Taubstummenlehrer berechnet ist. Ich weiss, dass in unserer Literatur ein einfach geschriebenes Buch über die Lautentwickelung fehlt. Möge da das vorliegende wenigstens so lange eine Aushülfe sein, bis es durch ein besseres abgelöst wird.

Für freundliche Ratschläge werde ich stets dankbar sein. — Zum Schluss sei die Schrift der Nachsicht der Leser empfohlen.

Ratibor. *Der Verfasser.*

Inhaltsverzeichnis.

	Seite.
1. Einleitung.	1—5
2. Die Sprechwerkzeuge und ihre Verrichtung . . .	6—16
3. Die Sprechlaute. Bildung derselben, Sprechfehler, und die Schreibung im Deutschen	17—51
4. Die Laute in ihrer Verbindung (Silbe, Wort und Satz)	52—58
5. Anhang (Lautumschrift)	59—65
6. Sach- und Wortregister	66—75

1. Einleitung.

Was ist Phonetik? so fragt gewiss mancher, der das Wort hört oder liest. Keineswegs sind wir von der Art, die den so Fragenden mitleidig belächeln; im Gegenteil, wir finden diese Frage sehr erklärlich, da der ausserhalb der Sprachwissenschaft Stehende bis jetzt wohl selten, wenn überhaupt, in die Lage gekommen ist, von den Ergebnissen dieser Wissenschaft Kunde zu erhalten, und noch viel weniger sich mit ihr zu beschäftigen. — Mit der Bezeichnung der Phonetik als eine Wissenschaft haben wir ihr Wesen allgemein angedeutet. Erfahrungsgemäss wäre man leider nur zu oft zu folgender Definition des Begriffes Phonetik berechtigt: Sie ist eine Wissenschaft, von der viele nichts wissen, doch aber ihre Erfolge anzuzweifeln, wenn nicht gar herabsetzen. Doch wir nehmen die eingangs aufgeworfene Frage wieder auf, und indem wir die Stellung der Phonetik zu den übrigen Zweigen der Sprachwissenschaft betrachten, kommen wir zu folgendem Ergebnis:

> Die Phonetik ist die jüngste Wissenschaft, die die allgemeine Sprachwissenschaft ihre Mutter nennt und die Sprachpsychologie und allgemeine Sprachlehre zu Geschwistern hat.

Sie ist, mit andern Worten, aus der allgemeinen Sprachwissenschaft hervorgegangen und bildet einen Zweig derselben. Heute schon verlangt die Phonetik ein Sonderstudium und bereits machen sich Bestrebungen geltend, die für sie dieselbe Selbständigkeit beanspruchen, deren sich die anderen Wissenschaften erfreuen.[1])

---

1) Siehe hierzu: Lundell, »die Phonetik als Universitätsfach« in Vietor, Phonetische Studien, 1887, Heft I.

Zu der der phonetischen Wissenschaft gestellten Aufgabe übergehend, ist sie uns die Lehre von den Lauten, nämlich ihrem Wesen, ihrer Bildung und Verwendung. Um aber ihrer Aufgabe gerecht zu werden, bedarf sie der Unterstützung anderer Wissenschaften. Sich besonders an die Naturwissenschaft in ihren Zweigen der Physiologie und Physik anlehnend, entnimmt sie aus der Physiologie die Aufschlüsse über den Bau der Sprachwerkzeuge und über die ihnen zufallende Verrichtung; aus der Physik bedarf sie der Lehre vom Schall. Aber auch der Unterstützung der Sprachwissenschaft kann sie nicht entraten, da der Phonetiker oft in die Lage kommt, seine in der einen Sprache gemachten Erfahrungen an anderen zu erproben und sie auf ihre Richtigkeit hin zu prüfen. Wegen dieser vielen Beziehungen ist es auch so schwer, wenn nicht schon heutzutage unmöglich, die Phonetik voll und ganz zu beherrschen, selbst für den Fall, dass man sich allein mit ihr befasst.

Unter Berücksichtigung aller der Anforderungen, die an das phonetische Studium gestellt werden, muss die Unmöglichkeit einleuchten, aus Eigenem in dieser Wissenschaft heimisch zu werden, und so dürfte auch das Erscheinen dieser Arbeit, *deren Zweck ist, Lehrer (ich habe hier vorzugsweise Volksschullehrer im Sinne) in die ersten Lehren der Phonetik einzuführen*, gerechtfertigt sein. —

Ja, aber wozu hat der Volksschullehrer nötig, sich mit Phonetik zu beschäftigen? Obgleich diese Frage schon in meiner Abhandlung: »Ueber Sprachentwickelung und die darauf sich gründende Einführung in den ersten Sprachunterricht[1]« ihre Beantwortung gefunden hat, so halte ich es doch nicht für unangebracht, noch einmal auf dieselbe einzugehen. Und das führt uns zur Bedeutung der Phonetik.

Sie hat einen theoretischen und einen praktischen Wert, jedoch ist nicht immer der eine von dem anderen zu trennen. Wenn der Sprachforscher durch die Phonetik über die Natur der Laute, also über ihre Bildung, ihr Verhältnis zu ihrer Umgebung u. s. w. Aufschluss erhält, wenn er das Gewonnene von

---

[1] Leipzig 1887 bei G. Gräbner, Preis 1 M.

einer auf die andere Sprache übertragen und so Schlüsse über die Entwickelung der Sprachen und ihre Verwandtschaft mit einander ziehen kann, so wäre damit im allgemeinen der theoretische Wert der Phonetik angegeben. — Nicht gering ist ihre Bedeutung in praktischer Hinsicht. Hat es das Studium dieser Wissenschaft doch zuwege gebracht, dass die bisherige Methode des neusprachlichen Unterrichts über Bord geworfen wurde, um einem naturgemässen Gange Platz zu machen. Nicht mehr die starren Reihen der Buchstaben, nicht der ermüdende Formalismus der Grammatik mit ihren unzähligen Spitzfindigkeiten ist die Sprache, nein, das lebendige und Leben schaffende gesprochene Wort ist die Seele des neufremdsprachlichen Unterrichts geworden. — Dass die ersten phonetischen Kenntnisse Anlass waren, den Taubstummen-Sprachunterricht zu schaffen und, als man, um französischem Wesen nachzuäffen, von der alten Bahn getreten war, ihn später auf derselben Grundlage zu reformieren, d. h. die Geberde zu Gunsten der Lautsprache zu verdrängen, dies darf ich, als bekannt vorausgesetzt, hier nur anführen. — Aber auch die Volksschule, die ja auch eine lebende Sprache, die Muttersprache, zu lehren hat, darf nicht »dahinten« bleiben. Man vergleiche hierzu, was ich in meiner oben genannten Schrift bezüglich dessen gesagt habe. Es gereicht mir zur Freude, erwähnen zu dürfen, dass mir von Pädagogen und Sprachgelehrten von Ruf mehrfach die Bestätigung wurde, mit meinen Vorschlägen das Richtige getroffen zu haben. Wenn ich mich mit meinen Verbesserungsvorschlägen bezüglich der Einführung in die Schriftsprache natürlich nur auf die Unterklasse beschränkt habe, so soll damit nicht stillschweigend zugegeben werden, dass für den Lehrer der Mittel- und Oberstufe aus der Bekanntschaft mit den Lehren der Phonetik kein Nutzen erwüchse. Ich erinnere daran, dass die orthographische Frage gerade jetzt in fast allen Ländern Europas mehr denn je im Vordergrunde steht, dass man ferner bestrebt ist, ein zweckmässiges Schriftsystem zu finden, das geeignet ist, weniger Hindernisse als das derzeitige der Schule und dem Verkehr zu bereiten. Alle diese Fragen, die ohne Anteilnahme der Phonetik nicht zu lösen sind, sie gehen auch den Lehrerstand ganz besonders an und erfordern seine volle Aufmerksamkeit.

Will man die Früchte der phonetischen Kenntnisse im Unterrichte sehen, so blicke man auf den Taubstummenunterricht hin, welcher die Schüler dahin bringt, dass sie lautlich rein und deutlich sprechen und leicht orthographisch richtig schreiben lernen. Warum verhält sich die Volksschule ablehnend gegen das anderwärts erprobte Gute? Wohin käme unser Unterrichtsverfahren, wollten sich die anderen Schulen mönchisch gegen die auf dem Gebiete der Volkschulpädagogik gemachten Erfahrungen abschliessen? Den Lehrern ist nun weniger ein Vorwurf zu machen, denn es ist ja leider Thatsache, dass der Volksschullehrer aus dem Seminar heraustritt, ohne jemals das Wort Phonetik gehört, geschweige denn ihre Lehren in sich aufgenommen zu haben. Möchte er auch später sich mit ihrem Studium befassen, so fehlen ihm die Grundbegriffe, die die meisten Lehrbücher der Phonetik als bekannt voraussetzen. Diesem Übel abzuhelfen, sollen, wie schon bemerkt, nachstehende Zeilen dienen. Nehme man das Schriftchen als das, was es sein will; knüpfe man nicht unberechtigte Forderungen an dasselbe. Es soll den Lehrer in den Stand setzen, dass er, selbst natürlich in der Phonetik zuhause, seine Schüler anhalten kann, in physiologischer Hinsicht bewusst zu sprechen. Dazu gehört vor allem eine eingehende Bekanntschaft mit dem Bau der Sprachwerkzeuge und ihren Verrichtungen auch seitens der Schüler. Hierher dürfte mit Übertragung auf den muttersprachlichen Unterricht gehören, was Deutschbein für den fremdsprachlichen Unterricht fordert. Er sagt: »Natürlich muss sich die Bekanntschaft der Schüler mit den Resultaten der Lautphysiologie auf das Allernotwendigste beschränken,.... Wenn einmal eine Grundlage zum phonetischen Verständniss gewonnen ist, mag der Lehrer dann und wann den Kindern einen neuen Einblick in die Ergebnisse unserer Wissenschaft eröffnen, der dann gewiss um so dankbarer hingenommen werden wird.« — Ebenso lässt sich auch Klinghardt in »Die Lautphysiologie in der Schule« vernehmen.[1]) »Vor allem denken wir nicht an systematische Voll-

---

[1]) Siehe: Techmer, Intern. Zeitschr. f. allg. Sprachwissenschaft, Leipzig bei Barth, III, 337.

ständigkeit, weder in der Beschreibung der Sprachorgane, noch in der Besprechung und Anordnung der Sprachlaute, ... immer handelt es sich nur um eine gewisse Schulung von Gehör- und Sprachorganen, nicht um Mitteilung theoretischen Wissens.« Dies ist auch, wir heben es besonders hervor, um nicht falsch beurteilt zu werden, unsere Forderung, von der wir wünschen, dass sie recht bald zum Segen unseres muttersprachlichen Unterrichts Beachtung finden möge.

Das vorliegende Werkchen wird nun im folgenden (zweiten) Abschnitte die Sprechwerkzeuge und ihre Verrichtung, im dritten die Laute unserer deutschen Schriftsprache nach ihrer Bildung und Schreibung und im letzten die Laute in ihrer Verbindung betrachten; der Anhang wird Bemerkungen über die Lautumschrift enthalten.

2. Die Sprechwerkzeuge und ihre Verrichtung.

Es kann nicht Aufgabe sein, den anatomischen Bau der Sprechwerkzeuge bis ins Kleinste zu untersuchen, fehlt da doch, abgesehen von der hier vorliegenden Zweckwidrigkeit, uns besonders die Möglichkeit der Veranschaulichung. Vielmehr wird sich die Betrachtung nur so weit erstrecken, als es zum Verständniss des nächstfolgenden Teiles nötig erscheint.

Was gehört zu den Sprechwerkzeugen? Wir scheiden sie zunächst, je nach der ihnen zufallenden Bestimmung, in drei Gruppen: Atmungs-, Artikulations- und Resonanzorgane. Zu den ersteren gehört das Zwerchfell, die Lunge und die Luftröhre; als Artikulationsorgane bezeichnet man den Kehlkopf, den Mund mit dem Schlundraum und die Nase, welch letztere beiden zugleich auch die Resonanzorgane bilden.

Sehr oft finden wir das Sprechorgan des Menschen mit einer Zungenpfeife verglichen, und in der That ist der Vergleich treffend. Aus der Lunge, dem Blasebalg, gelangt die Luft in die Luftröhre, das Windrohr, an dessen Ende die Stimmbänder im Kehlkopfe wie Zungen wirken. Daran reiht sich das Schallstück oder Ansatzrohr, das vom Schlundraum, vom Munde und der Nase gebildet wird.[1]

---

[1] Schon hier wollen wir auf eine von Dr. Techmer in Leipzig herausgegebene Wandtafel hinweisen, die eine schematische Darstellung der Stimmbänder und des Ansatzrohres enthält. Selbige dürfte sich zum Aufhängen im Schulzimmer sehr empfehlen. Ein begleitender Text: »Zur Veranschaulichung der Lautbildung« (32 Seiten) dient zur Erläuterung. Wandtafel und Text sind von Barth in Leipzig für M. 1.60 zu beziehen. — Mit gütiger Erlaubnis des Herrn Herausgebers und Verlegers bringen wir am Schlusse eine Verkleinerung genannter Wandtafel.

Wir gehen nun zur Betrachtung der einzelnen Organe über. Auf dem Wege von innen nach aussen beginnen wir mit dem

Zwerchfell.

Dies ist ein die Brusthöhle von der Bauchhöhle trennender Muskel. Er dient als Regulator zwischen den beiden erwähnten Hohlräumen. In der Ruhelage ist das Zwerchfell nach der Brusthöhle zu gewölbt. Bei der Einatmung flacht sich die Wölbung ab, so dass die Brusthöhle grösser wird. Bei der Ausatmung kehrt das Zwerchfell in seine ursprüngliche Lage zurück, indem die Eingeweide, vorher durch den Druck des Zwerchfells in leidenden Zustand versetzt, jetzt zur Thätigkeit übergehen. Auf dem Zwerchfell ruhen die

Lungen.

Diese bestehen aus zwei dreieckigen, nicht gleich grossen Lappen, deren Grundlinien unten am Zwerchfell, die Spitzen oben am Halse befindlich sind. Sie sind, wie schon bemerkt, der »Blasebalg« beim Sprachinstrument, indem sie den Luftstrom, den gleichsam weiter zu formenden »Sprachstoff«, dadurch liefern, dass sie die Kohlensäure enthaltende Luft von sich geben. Daraus geht hervor, dass wir uns beim Sprechen nur der ausströmenden, nie der einströmenden Luft bedienen.[1]) — Wodurch wird die Ausatmung bedingt? Nächste Ursache ist das durch seine Schwere bedingte Bestreben des Brustkorbes, in seine vor der Einatmung eingenommene Stellung zurückzukehren. Dieses nämliche Bestreben haben auch die Lungen, die Rippenknorpel und die Bauchmuskel. Dazu tritt für die Lungen der Umstand, dass sie die kohlensäurehaltige Luft nicht lange zu halten vermögen. — Unsere Betrachtung führt uns weiter zur

Luftröhre.

Dieselbe, an unserm Sprechinstrument die Stelle des Windrohrs einnehmend, steht mit den Lungen in innigster Verbindung.

---

1) Ich sehe hier von einzelnen Ausnahmen ab, wie der Ausdruck eines Schmerzes durch Einatmen der Luft bei der Artikulationsstellung von s oder f, oder der Ausdruck des Unwillens durch t-Verschluss und darauf folgender Plosion während des Einatmens. Die so hervorgebrachten Laute zählen wir nicht zur Lautsprache im engeren Sinne.

Ist sie doch der Kanal, der die Lungen mit der ihnen nötigen Luft versorgt, der die Atmung vermittelt. Den Zusammenhang zwischen Lungen und Luftröhre bilden die Bronchien, bis ins kleinste gehende Verästelungen. — Der Atmungsapparat ist während der Lebenszeit des Individuums in steter Bewegung, Ein- und Ausatmung folgen sich in fortwährendem Wechsel. Nach Techmer atmet ein erwachsener gesunder Mensch 16 bis 18 Mal in der Minute, doch sind Ein- und Ausatmung nicht von gleicher Dauer, da erstere kürzere Zeit als letztere beansprucht.[1])

Bis hierher haben wir von der unwillkürlichen Atmung gesprochen, die sich ohne unser Zuthun vollzieht. Darin besteht die Hauptaufgabe des Atmungsapparates oder, wie Techmer sagt, »seine primäre, nur der Ernährung dienende (vegetative) Verrichtung.« Doch auch der Wille kann sich genannten Apparat dienstbar machen (animale Verrichtung). Dieser Fall tritt beim Sprechen ein; dann geht die Einatmung schnell und kräftig vor sich, während die Ausatmung sich langsam vollzieht, mit einem Worte, der Atmungsrythmus ein unregelmässiger wird. Je nachdem die Ausatmung von kürzerer oder längerer Dauer, der Druck der eingeatmeten Luft ein grösserer oder geringerer ist, unterscheidet Techmer verschiedene Grade. Wir merken folgende: mittlere Stärke, crescendo, decrescendo, beide letztgenannten verbunden und staccato. Wird die ausströmende Luft mit dem Gehör nicht mehr wahrgenommen, oder wird ihr der Austritt verwehrt, so haben wir eine Pause, die sonach »eine Unterbrechung von deutlichem Klang oder Geräusch ist.« —

Im folgenden gelangen wir zur Besprechung des Hauptteils unseres Sprechorgans, zum

Kehlkopf (Larynx)[2].) [1]

Bevor wir seine ihm gewordene Aufgabe beim Sprechen

---

1) Man vergleiche hierzu die gegenteilige Ansicht Vietors in seinem »Elemente der Phonetik etc.« S. 2, wo er sagt: Einatmung und Ausatmung, die etwa gleichviel Zeit in Anspruch nehmen, finden in der Regel durch die Nase statt.

2) Ich gebe die wissenschaftliche Bezeichnung nebenbei, da man ihrer beim Lesen phonetischer Werke nicht entraten kann. — Die Ziffern im Texte beziehen sich auf die beigegebene Tafel.

näher beleuchten, wollen wir uns wiederum zuerst ein anatomisches Bild von ihm entwerfen.

Er befindet sich als abschliessender Teil am oberen Ende der Luftröhre und besteht aus zwei grösseren mit Schleimhäuten überzogenen Knorpeln, dem Ring- [2] und Schildknorpel [3]. Beide haben ihren Namen von ihrer Form. Während der Ringknorpel, ähnlich einem Siegelringe, von allen Seiten abgeschlossen ist, ist der Schildknorpel hinten offen und läuft in zwei obere und zwei untere Hörner aus. Mit den oberen Hörnern steht er mit dem Zungenbein, mit den andern mit dem Ringknorpel in Verbindung. Die vordere Platte dieses Knorpels, einem Schilde vergleichbar, ist aussen am Halse leicht fühlbar. (Adamsapfel). Ausser den beiden genannten Knorpeln seien noch zwei kleine, die Giessbecken- oder Stellknorpel [4] erwähnt, welche, beweglich, an der hintern Seite oben am Kehlkopfe zu suchen sind. Um den Zutritt fester oder flüssiger Gegenstände in den Kehlkopf zu verhindern, befindet sich oben als Abschluss der Luftröhre der Kehldeckel [8], ein einem Löffel vergleichbarer, im Umriss einer Birne ähnlicher Knorpel, der so lange die Luftröhre offen hält, als geatmet oder gesprochen wird, sich aber sofort schliesst, wenn Speisen in die Speiseröhre, die hinter der Luftröhre liegt, gelangen sollen.

Schenken wir nunmehr dem Innern des Kehlkopfes unsere Aufmerksamkeit. Wir erwähnten schon, dass er innen mit einer Schleimhaut ausgekleidet sei. Die Verbindung der Knorpel untereinander, wie die der Luftröhre mit der Zunge wird durch Bänder bewerkstelligt. Zwei Paar solcher Bänder (feine Häutchen) finden sich auch quer den Kehlkopf von vorn nach hinten durchziehend. Sie heissen die wahren (die unteren) [5] und die falschen (die oberen) Stimmbänder [7]. Die wahren Stimmbänder sind vorn an den Schildknorpel angeheftet und erstrecken sich bis zu den beiden Giessbeckenknorpel, deren Beweglichkeit die Spannung der Stimmbänder ermöglicht. Die Spalte zwischen den Stimmbändern bis zu den Giessbeckenknorpeln heisst Stimmritze oder Bänderglottis, während sich von da bis an die hintere Kehlkopfwand die Knorpelglottis [V^{III}] erstreckt, die von den Stellknorpeln gebildet wird.

Der Kehlkopf über den Stimmbändern bildet eine buchtige Höhlung. Hier liegen dicht über den Stimmbändern die »Morgagnischen Taschen«, [6], welche das Freiliegen und -schwingen der wahren Stimmbänder ermöglichen. Sie selbst, die Taschen, sind an den Kehlkopfwänden liegende, tiefe Buchtungen, über denen die Schleimhaut, Falten bildend, hängt, welche letztere unter dem Namen Taschenbänder oder falsche Stimmbänder begriffen werden.[1]) Den Abschluss bildet der schon genannte Kehldeckel. —

Worin besteht nun die Aufgabe des Kehlkopfes? Unthätig verhält er sich, abgesehen von der Hebung des Kehldeckels beim vegetativen Atmen. Er gestattet dann der Luft leichten Eingang in die Luftröhre und somit in die Lungen. Die Stimmbänder sind schlaff, und die Stimmritze ist geöffnet, und zwar bei der Einatmung mehr als bei der Ausatmung. Das Mittel davon ist die Indifferenz der Stimmbänder.

Anders aber gestaltet sich das Bild bei der Sprechthätigkeit; da kommt es besonders auf den Kehlkopf an. Wenn er auch bei der Bildung einzelner Laute eine untergeordnete Bedeutung hat, so ist doch diese Ausnahme geeignet, die eben aufgestellte allgemeine Behauptung zu bestätigen. Bei der regeren Thätigkeit des Kehlkopfes überhaupt beim Sprechen spielen auch die Stimmbänder eine bei weitem grössere Rolle als beim ruhigen Atmen. Ihre Veränderungen zeigen sie besonders in Bezug auf Anspannung, wodurch wieder die Enge bezw. der Schluss der Glottis bedingt wird.

Betrachten wir zunächst die verschiedenen Abstände der Stimmbandränder von einander. Techmer unterscheidet ihrer acht, von denen wir aber nur folgende erwähnen: 1. Blaseöffnung [1^I], 2. Hauchenge [5^{II}], 3. Flüsterenge [5^{III}], 4. Kopf- oder Oberstimmenge [5^{IV}], 5. Brust- oder Unterstimmenge (-schluss) [5^V], 6. Schluss [5^{VI}].

Bei 5^I sind die Stimmbandränder so weit von einander entfernt, dass an ihnen der den Kehlkopf durchziehende Luftstrom kein Hindernis findet, also kein Klang oder Geräusch entsteht. Wie schon durch die Bezeichnung ausgedrückt, nehmen

---

1) Siehe Victor, Elemente der Phonetik etc.

die Stimmbänder beim Blasen diese Stellung ein. — Schon enger treten die Ränder bei 5^{II}, beim Hauchen, zusammen, ein Hauchgeräusch erzeugend, dessen Stärke bezw. Schwäche sich nach dem Grade der Enge und des Luftdruckes richtet. — Vollkommener Schluss der Bänderglottis, aber nur Enge der Knorpelglottis findet bei $5\,III$ statt. Diese Stellung wird beim Flüstern gebildet. — Mit der Beschreibung der folgenden Engegrade berühren wir zugleich die Lehre von den *Stimmregistern*. Jeder Mensch verfügt über zwei Register, die Ober- und Unterstimme. Erstere wird auch mit Kopf- oder Fistelstimme bezeichnet, während die Unterstimme allgemein Bruststimme heisst.[1]) Was bewirkt nun den unterschiedlichen Charakter beider Regisier? Beides, der Luftstrom und die Stimmbänder, aber so, dass die Wirkung des ersteren bei der Oberstimme, die der letzteren mehr bei der Unterstimme in Betracht kommt. Bei der Oberstimme ist nämlich die Stimmritze fest geschlossen, nur ein ganz schmaler Spalt ist für den Durchlass des Luftstromes geöffnet, letzterer geht mit geringem Drucke hindurch. Je höher die Töne werden, um so weiter nach vorn wird der Spalt verlegt und um so enger wird er.[2]) Nun dürfte es nicht schwer sein aus dem Gesagten zu folgern, dass die Stimmbänder bei 5^{IV} nicht ihrer ganzen Länge und Breite nach schwingen. Zu bemerken ist aber noch, dass auch eine Hebung des Kehlkopfes hierbei statt hat. — Anders bei der Bruststimme. Hier trifft ein starker Luftstrom die in ihrer ganzen Länge zum Schwingen bereiten Stimmbänder, die festgeschlossen mit den Innenrändern an einander liegen [5^V] und nun wie durchbezw. aufschlagende Zungen schwingen, wodurch der Klang erzeugt wird. Je höher nun die Töne werden, um so mehr müssen die Stimmbänder gespannt, und um so mehr auch der Kehlkopf gehoben werden. Die Kraft des Stimmtones hängt von der Stärke ab, mit welcher der aus den Lungen kommende Luftstrom auf die gespannten Stimmbänder trifft. Wir wollen nicht unerwähnt lassen, dass man gewisse Töne sowohl mit Brust- als mit Oberstimme hervorbringen kann. —

---

1) Vergl. hierzu auch: Mackenzie, Singen und Sprechen, Hamburg bei Voss, 1887, S. 41 ff.
2) Nach Techmer.

Wir haben des Weiteren des Stimmtones zu gedenken. Bei Frauen und Kindern machen wir die Wahrnehmung, dass sie im allgemeinen höher als erwachsene männliche Personen sprechen, dass also bei jenen der Stimmton höher als bei diesen ist. Der Stimmton ist also der Ton, in welchem das Sprechen eines Menschen gemeiniglich gehört wird. — Unschön würde natürlich das Sprechen sein, das sich nie vom mittleren Stimmtone weder nach oben noch nach unten entfernen wollte. Abweichungen vom mittleren Stimmtone bezeichnet man mit »Betonung«. Als Zeichen für dieselben gelten uns in der Schrift gewöhnlich die Interpunktionszeichen, nämlich das Frage- und Ausrufungszeichen, das Komma und der Punkt, jedoch sind letztere beiden auch Zeichen für eine gewisse Zeitdauer, in fremden Sprachen treten als Betonungszeichen auch besondere Accentzeichen auf.[1] — Den mittleren Stimmton haben wir meistens zwischen den mittleren und tiefsten Tönen der Bruststimme zu suchen. Seine Bedeutung für das Sprechen anlangend, bemerken wir, dass er bei der Bildung der Mundöffner, der stimmhaften Mundenge- und Mundschlusslaute eine grosse Rolle spielt, so dass auf ihm, um mit Sievers zu reden, »vorzugsweise die Hörbarkeit und die musikalische Verwendbarkeit der Sprache beruht.«

Bei 5^{VI} ist die Stimmritze in ihrer ganzen Länge fest geschlossen, ebenso die Knorpelenge. Dieser Schluss findet beim Husten statt. Bezüglich seines Auftretens beim Sprechen verweise ich auf den letzten Teil dieser Abhandlung. — Nachdem wir bis hierher besonders den Antheil der Stimmbänder am Sprechen behandelt haben, bleibt uns nun noch übrig, die Funktion des über den Stimmbändern liegenden Kehlkopfteiles zu untersuchen. Es ist gerade das ein Abschnitt, der in den meisten diesbezüglichen Lehrbüchern fast immer vergebens gesucht wird. Um so mehr ist es anzuerkennen, dass uns Techmer in seiner Internationalen Zeitschrift f. allg. Sprachwissenschaft I,31 unter Zugrundelegung guter Abbildungen darüber Aufschluss giebt. Was uns hier zu wissen frommt, entlehnen wir daher. —

---

[1] Wir kommen im letzten Teile noch einmal auf diesen Punkt zu sprechen.

Da der obere Kehlkopfteil mit den Stimmbändern anatomisch zusammenhängt, so ist seine Mitwirkung beim Sprechen erklärlich. Die Morgagnischen Taschen, die in der Ruhelage am grössten sind, werden um so kleiner, je stärker und je höher gesprochen wird. — Die falschen Stimmbänder ähneln in ihren Bewegungen den wahren; nur ist ihre Annäherung eine stets geringere als bei diesen, wie sie schlussbildend nur bei sehr starker Anspannung der wahren Stimmbänder erscheinen. Doch ist bei der Oberstimme ihre Annäherung eine verhältnissmässig grössere als bei der Bruststimme. — Der Kehldeckel bildet in der Ruhelage mit den Stimmbändern einen Winkel von etwa 40 Grad, eine kleine Oeffnung zwischen sich und der Schlundwand lassend. Bei hohen Tönen richtet er sich weiter auf, ja er muss mit den Stimmbändern mindestens einen Winkel von 45 Grad bilden, sollen die Schallwellen klar vernommen werden wo hingegen er sich bei tiefen Tönen, beim Hauchen und Flüstern senkt.

Nachdem wir nun die Betrachtung des Kehlkopfes beendigt haben, bleibt uns nur noch für dieselbe übrig das

Ansatzrohr.

An diesem unterscheidet man meistens drei Teile. Der zunächst über dem Kehldeckel befindliche Teil heisst der Schlund (pharynx), daran schliesst sich der Mund (der orale Teil des Ansatzrohres) und die Nase (der nasale Teil.) Die Scheidewand zwischen je zweien dieser drei Teile bildet das Gaumensegel (velum) [14], auch weicher Gaumen genannt, das die Fortsetzung des harten Gaumens [24] bildet und in das Zäpfchen (uvula) [15] endigt.

Am Schlund, der wie das ganze Ansatzrohr mit Schleimhaut ausgekleidet ist, hat man drei Teile: den Kehlkopfteil [10 I], den Mundteil [10] und den Nasenteil [10 II]. Er kann, wie gesagt, sowohl gegen den Mund- als auch gegen den Nasenraum durch das Gaumensegel abgesperrt werden. — Auch die Nase [13] bildet einen Hohlraum, der unten vom Gaumen (palatum) begrenzt wird. Eine Scheidewand teilt die Nase in zwei Hälften, eine rechte und eine linke, daher auch die beiden Nasenlöcher.

Vor allem dient die Nase dem Atmungsgeschäft, da sie der anfängliche Luftweg ist. Welchen Einfluss sie auf das Sprechen ausübt, werden wir später zeigen.

Wir kommen zur Betrachtung des Mundraumes. Dieser bildet eine Höhle, die durch Entfernung (bezw. Annäherung) des Unterkiefers vom Oberkiefer (Kieferwinkel), wie auch durch Vorstülpen oder Zurückziehen der Lippen in ihrer Grösse verändert werden kann, die auch weiter durch die verschiedene Lage und Form der in derselben befindlichen Zunge verschiedenartigen Gestaltungen unterworfen ist. Die Bildung der Mundhöhle bewirken folgende Knochen: der feste Oberkiefer [23] mit dem Gaumenbein [24], dem Oberkieferbein [25] den Zahnfortsätzen (alveoli) [26] und den oberen Zähnen (dentes), ferner der bewegliche Unterkiefer [22] mit der unteren Zahnreihe und das Zungenbein. Bei dem Aufsetzen der oberen auf die unteren Zähne findet eine Teilung der Mundhöhle in die innere Mundhöhle und den Wangen- und Lippenvorhof statt. Die äussere (muskulöse) Bekleidung der Mundhöhle bilden die Wangen und die Lippen (labia). In der Mundhöhle lagert die Zunge (lingua), ein aus vielen Muskeln bestehendes, deshalb mannigfacher Gestaltung fähiges und wichtiges Glied des Sprechinstrumentes. Die Wurzel der Zunge grenzt an den Kehldeckel. Die Oberfläche der Zunge heisst der Zungenrücken, den wir wieder in den Hinterzungenrücken [19], Mittelzungenrücken [20] und Vorderzungenrücken [21] einteilen. Die Zungenspitze liegt gewöhnlich vorn an den unteren Zähnen. Durch ein Bändchen ist sie unten mit der Grundfläche des Mundes verbunden. In Ruhe befindlich füllt sie beinahe die innere Mundhöhle aus. —

Welche Verrichtungen übernimmt nun das Ansatzrohr beim Sprechen? Es soll dem im Kehlkopfe erzeugten Klange durch die ihm mögliche verschiedene Formbildung die Klangfarbe geben. Es soll aber auch ferner die gewissen Sprachlauten eigentümlichen Geräusche erzeugen, so dass wir kurz die Aufgabe des Ansatzrohres dahin zusammenfassen können: »Sie besteht beim Sprechen in der Schallveränderung und in der Geräuscherzeugung.« Gehen wir näher darauf ein.

Wir haben den Weg des Luftstromes bisher verfolgt bis zu

seinem Austritt aus dem oberen Teile des Kehlkopfes. Er gelangt jetzt in einen der verschiedensten Umformung fähigen Hohlraum, der dem aus dem Kehlkopfe kommenden Klange die Klangfarbe zu verleihen zunächst berufen ist, (was wir neben der ihm ausserdem zufallenden Aufgabe bereits erwähnten.) Denn im Klanglaute haben wir nicht einen einzigen unteilbaren Ton; er besteht vielmehr aus einer Reihe von Tönen, welche teils durch die Stimmbänder erzeugt werden, teils durch die Schwingungen der Luft in dem darüber liegenden Hohlraume entstehen. — Die zweite Aufgabe des Ansatzrohres anlangend, ist zu bemerken, dass bei eintretender Engen- oder Schlussbildung in diesem Hohlraume neben den Eigentönen auch Eigengeräusche gebildet werden, die bisweilen stärker als der Eigenton sind und letzteren zurücktreten lassen, die aber ebenfalls durch die Resonanz eines Teiles des Ansatzrohres beeinflusst werden.[1]

Vom Schlunde aus kann nun der Luftstrom einen dreifachen Weg einschlagen. Entweder geht er durch den Mund, oder durch die Nase, oder durch Mund und Nase. Hebt sich das Gaumensegel, so geht der Luftstrom, da er den Naseneingang verschlossen findet, durch den Mund; befindet sich das Gaumensegel dagegen in der Ruhelage, so wird der Luftstrom den Weg durch die Nase wählen müssen, wie er durch Mund und Nase geht, wenn das Gaumensegel die Mitte zwischen beiden schon genannten Stellungen hält, wodurch das sogenannte »Näseln« hervorgerufen wird. Wir werden leicht erkennen, dass auch die dem Gaumensegel zugefallene Rolle keine unwichtige ist. — Fassen wir weiter die Aufgabe der Zunge beim Sprechen ins Auge. Sie tritt sowohl engen- als verschlussbildend auf und zwar geschieht dies entweder mit dem Zungenrücken und zwar mit dem hinteren, vorderen oder mittleren, oder mit der Zungenspitze, entweder an dem Gaumenbeine (harter G.), oder an den Zahnfortsätzen, oder an den Zähnen. Wir finden also die Zunge in den verschiedensten Stellungen beim Sprechen, und besonders bei der Bildung der meisten Geräuschlaute ist gerade sie in ihrer Lage für die Lautbildung massgebend. — Endlich entstehen auch Laute dadurch, dass die Unterlippe mit den oberen Zähnen

[1] Vergl. Techmer, Intern. Zeitschr. f. allg. Sprachw. I, S. 75.

oder der Oberlippe eine Enge oder einen Verschluss bildet. — Die Schlussbildung beider Lippen führt uns zur Betrachtung des Anteils, den der nasale Teil des Ansatzrohres am Sprechen hat. Dadurch dass die Lippen oder die Zunge den Weg durch den Mund verschliessen, wird der Luftstrom am Austritt verhindert. Da findet er ihn, indem sich das Gaumensegel senkt, durch die Nase, wobei jedoch immer noch die Mundhöhle in grösserem oder geringerem Umfange als Resonanzraum auftritt, wie überhaupt eine um so grössere Möglichkeit der Schall- und Geräuschmodifizierung zu verzeichnen ist, je weiter die Artikulationsstelle im Munde zurück liegt. So sind die Laute, deren Artikulationsstelle im Kehlkopfe liegt, den meisten, die, deren Artikulationsstellung vorn an den Lippen ist, den wenigsten Veränderungen unterworfen.

3. Die Sprechlaute, Bildung derselben, Sprechfehler, und die Schreibung im Deutschen.

Bevor wir daran gehen, die Bildung der einzelnen Laute näher ins Auge zu fassen, bedarf es noch der Erledigung einzelner Vorfragen allgemeinerer Natur. Vor allem müssen wir uns klar werden, was ein Laut ist, und wir glauben dies am besten thun zu können, wenn wir uns zuvor des Allgemeinen der physiologischen Lautentstehung bewusst werden.[1] — Alsdann werden wir die Laute einteilen und für diese Teilung die Gründe angeben.

Wie entsteht also physiologisch ein Laut?[2] — Gewiss giebt es wenige Leser, die sich diese Frage schon jemals vorgelegt, noch weniger, die sie sich schon beantwortet haben. Bei der Analyse unserer Sprache geht man meist vom Satze aus, zerlegt den in Wörter, diese in Silben, die Silbe in Laute und damit — Punktum. Das ist man schon von der Schule her gewöhnt; denn so wurde es früher und — so wird es noch heute gemacht, unbekümmert um die fortschreitende Wissenschaft.

Nicht der Laut aber ist Sprachelement; vielmehr sind wir im stande, auch diesen noch zu zerlegen. Wir haben im zweiten

---

[1] Ueber die Bedeutung der Psychologie bei der Lautbildung siehe: Hoffmann, Über Sprachentwickelung etc. Leipzig, 1887, S. 14 ff.

[2] Sievers sagt: Zum Zustandekommen eines Sprachlautes sind jederzeit drei Faktoren erforderlich: 1 Ein Exspirationsstrom, dessen wechselnde Stärke und Dauer durch die Thätigkeit der Atmungsmuskulatur reguliert wird; 2. eine schallerzeugende Hemmung dieses Stromes, die nach dem Orte, ... dem Grade, ... der Dauer und der Energie verschieden sein kann; 3. ein Resonanzraum, welcher dem Schall seine spezifische Färbung giebt.

Teile dieser Schrift die Verrichtung der Sprechwerkzeuge besprochen; wir haben gesehen, dass sie alle, um Laute hervorzubringen, Bewegungen ausführen müssen. *Eben diese Bewegungen aller Teile des Sprechorgans, hervorgegangen aus dem Willen, hörbare Sprechäusserungen zu schaffen, sie sind die Elemente der Sprache, die wir mit »Artikulationen« bezeichnen,* Gerade letzterer Begriff wird in der Phonetik recht verschieden erklärt. Wir haben uns Techmers Definition angeeignet, der unter »Artikulation« zusammenfasst alle *»die elementaren Bewegungen aller Teile des Sprechinstrumentes im Dienste der Sprache, die wir vermittels des Schallsinnes,* event. unterstützt durch Hörrohr, Resonator, Perkussion, — *des Lichtsinnes,* event. unterstützt durch intensivere Beleuchtung der inneren Organe, spiegelnde Apparate, manometrische Flammen, — *des Drucksinnes,* nicht bloss des tastenden Fingers, sondern auch der wirkenden Organe selbst, namentlich der für diesen Sinn besonders begabten Zunge, — *der inneren Innervationsempfindung wahrzunehmen imstande sind.«*[1]) Es dürfte für den Leser nicht ohne Interesse sein, nun auch Techmers Begründung seiner Begriffsbestimmung zu erfahren. Er sagt etwa folgendes: Im alltäglichen Leben treten uns in der Wirklichkeit meist zusammengesetzte Erscheinungen entgegen, die von Vielen wegen ihres Charakters unklar erfasst und demgemäss auch bezeichnet werden. Die Anwendung der Benennung dieser Erscheinungen geschieht, »ohne eine Seite bestimmt, dann aber auch um bald mehr die eine, bald mehr die andere auszudrücken in buntem Durcheinander.« Dies ist in der Wissenschaft nicht angängig. Hier heisst es, das Zusammengesetzte zu zergliedern, die einzelnen Glieder genau zu unterscheiden und abzugrenzen, und jedes für sich zu benennen. Solch eine zusammengesetzte Erscheinung ist unsere Sprache, die nach verschiedenen Gesichtspunkten analysiert worden ist. So wurde entweder mehr die psychische oder die physiologische Seite für die Berücksichtigung Ausschlag gebend. Unter Beachtung der letzteren gelangte man zu der bekannten Unterscheidung von Silben und Lauten, so jedoch, dass einzelne Völker, wie die Griechen, den Laut als Element,

---

1) Techmer, Intern. Zeitschrift f. allgem. Sprachwissenschaft, I, S. 106.

die Silbe als Produkt der Synthese, andere die Silbe als Element auffassten. — Später ging man zur Analysis der Laute über, indem man auf ihre Hervorbringung achtete, und man fand, dass dazu elementare Bewegungen des Sprechorgans in seinen verschiedenen Teilen erforderlich seien. Also nicht nur die Bewegungen der Lippen, der Zunge und der Zähne gegen einander sind Artikulationen; vielmehr erweitern wir diesen Begriff und rechnen auch hierhin die Bewegungen des Schlundes, des Kehlkopfes und des Windrohrs. So weit Techmer. — Wir dürfen jetzt davon Abstand nehmen zu zeigen, wie die Organe Bewegungen und welche sie ausführen, da dies bereits im zweiten Teile seine Erledigung gefunden hat. Nur haben wir hinzuzufügen, dass bei den Artikulationen, welche stets ein Heraustreten der Organe aus ihrer Ruhelage bedingen, immer ein Kampf zweier gegen einander streitender Kräfte stattfindet. Die eine Kraft ist bestrebt, den Luftstrom nach aussen zu treiben, die andere mit ihrem Sitze in den Hemmungsstellen, will den Luftstrom an seinem Entweichen hindern. Das Resultat dieses Kampfes ist der Laut und somit hätten wir die Bestimmung des Begriffes »Laut«: *Er ist das Produkt des Gegeneinanderwirkens zweier Kräfte, die durch das Verlassen der Ruhelage seitens der Sprachorgane wirksam werden*, oder (nach Techmer) »*das Resultat aus dem labilen Gleichgewicht der gleichzeitig wirkenden artikulatorischen Kräfte im Kampf.*«

Es handelt sich weiter darum, wie die Laute einzuteilen sind. Die Beantwortung dieser Frage ist eine durchaus schwierige. — Was soll Prinzip der Einteilung sein? Wir stehen vor zwei Wegen: wählen wir die historische Einteilung in Vokale, Halbvokale und Konsonanten, unterscheiden wir mit anderen Worten die Laute nach ihrer Funktion, oder begründen wir unsere Einteilung auf genetischer Grundlage, d. h. lassen wir die Entstehung der Laute für ihre Einteilung bestimmend sein? — Ich habe schon an einem anderen Orte[1]) Gelegenheit gehabt, meine Stellungnahme dazu genügend darzulegen. Hier will ich mich darauf beschränken zu erklären, dass ich die bisherige Ein-

---

1) Siehe Organ der Taubst.-Anstalten Deutschlands etc. 1886, Nr. 1.

teilung in Vokale und Konsonanten verwerfe und einer anderen Einteilung, nämlich der auf genetischem Prinzip beruhenden, den Vorzug gebe.[1]) Techmer gebührt das Verdienst, zuerst ein solches System folgerichtig aufgestellt zu haben und wir finden heute schon namhafte Phonetiker (ich nenne Vietor, vergl. sein »Elemente der Phonetik«, Heilbronn 1887), die das System angenommen haben.

Es dürfte gewiss manchem Leser erwünscht sein, *das Techmer'sche Lautsystem*, das wie gesagt auf physiologisch-genetischer Grundlage erbaut ist, eingehender kennen zu lernen.

Die Laute werden darnach in Klassen, Ordnungen und Arten gruppiert. -- Die *Klassen* unterscheidet Techmer nach den Stimmbandartikulationen (siehe oben S. 10). Nach den dort von uns aufgezählten Stimmbandartikulationen giebt es folgende Klassen:

1. Geblasene, 2. gehauchte, 3. geflüsterte, 4. ober- und 5 unterstimmhafte Laute.

Die *Ordnungen* lässt Techmer durch die Nasenartikulationsgrade bestimmen. Darnach zählt er

1. nasale, 2. näselnde Laute und 3. solche mit dauerndem Nasenschluss.

Die Artikulationsgrade der Mundhöhle geben ihm die *Gattungen*, deren er fünf unterscheidet. Wir können uns für unsere Zwecke mit zweien begnügen und zwar nennen wir folgende Gattungen:

1. offene Laute, 2. Laute mit Mundenge bezw. -Schluss.

Die Einteilung der Laute nach *Arten* macht Techmer mit Rücksicht auf die Mundartikulationsstellen (s. Seite 15 und 16). Wir merken folgende Arten:

---

1) Dass man schon früher eine Einteilung auf genetischer Grundlage aufstellte, zeigt uns Tilemann Olearius in seinem »Deutsche Sprachkunst«, Halle 1630, welcher die sogenannten Konsonanten nach den »instrumentis pronunciationum, nach den Gliedmassen, durch welche die Rede des Menschen afformiret und unterschieden wird«, einteilte, nämlich nach Lippen, Zähnen, Zunge und Gaumen. (Siehe: Michaelis, über Physiologie und Orthographie der Zischlaute, Berlin 1883.)

A. in der Mittelebene (median)[1]: 1. Hinterzungen-Gaumensegellaute, 2. Hinterzungen-Gaumenbeinlaute. 3. Mittelzungenlaute, 4. Vorderzungenrückenlaute, 5. Vorderzungenrücken-Spitzen-Laute, 6. Zungenspitzenlaute, 7. Zungen-Zahn-Laute, 8. Lippen-Zahn Laute, 9. Lippenlaute.
B. seitlich (lateral)[2]: Vorderzungenrücken-Spitzen-Laute.

Dieses System hat bei Techmer noch seine Fortsetzung, wo »Spielart« und »Individuelles« Berücksichtigung finden. — Ich glaube aber von einer Betrachtung dieser Rubriken abstehen zu dürfen, um nicht zu sehr in Einzelheiten zu geraten.

Wir kommen nun zur Besprechung der einzelnen Laute, die wir folgendermassen gruppieren:

I. Mundöffner:
1. mit Stimmme: $a, u, o, e, i, ö, ü, (e)$.
2. ohne Stimme: h (mit entsprechenden Mundstellungen.)

II. Mundschliesser:

a. Engelaute:
  1. mit Stimme: w, s, l, r als Zungen- und Gaumen-r.
  2. ohne Stimme: f, s, sch, ch.

b. Schlusslaute:
  1. mit Stimme: $b, d, g, m, n, ŋ\ (ng)$.
  2. ohne Stimme: p, t, k.

I. Mundöffner.

Allgemeines.

Bei der Bildung eines stimmhaften Mundöffners trifft der aus den Lungen kommende Luftstrom auf die fest gespannten Stimmbänder, die er in Schwingungen versetzt. Weiter kommt er

---

1) medius in der Mitte liegend.
2) latus, die Seite.

auf die ihm kein Hindernis bietenden falschen Stimmbänder und tritt bei geöffnetem Kehldeckel in den offenen Schlund, um von da in den Mundraum zu gelangen, da ihm die Nase durch das gehobene Gaumensegel versperrt ist. Die für jeden Mundöffner eigens geformte Mundhöhle hat die Aufgabe, dem Stimmklange durch Resonanz die Klangfarbe zu geben, ihn also zum Vokallaut zu machen.

Bei dem stimmlosen Mundöffner sind die Stimmbänder nicht fest geschlossen, bilden vielmehr nur die Hauchenge, weshalb auch kein Klang, sondern nur Geräusch vernehmbar wird. Doch wirkt auch hierbei die Mundhöhle in ihren verschiedenen Formen resonatorisch. — Dass für die Resonanz der Mundhöhle die Lage der Zunge und Lippen massgebend ist, fanden wir schon; inwiefern aber, das werden wir bei Besprechung der Bildung der einzelnen Laute darthun.

Der Laut a.

Bildung: Der aus dem Kehlkopfe kommende Stimmton findet den Mundkanal in allen Teilen gleichweit offen, nirgends verengt. Die Zunge hat ihre Ruhelage inne, und der Kehlkopf ist ein wenig gehoben. So ergiebt sich folgendes Bild von der Stellung der Sprachorgane bei der Bildung des a [1]):
1. Lippen: weder vorgestülpt, noch eingezogen.
2. Lippenöffnung: am grössten,
3. Abstand der Zunge vom Gaumen: sehr weit.
4. Gaumensegel: sehr niedrig stehend.
5. Schlund: sehr weit geöffnet.
6. Kehlkopf: sehr wenig über die Ruhelage gehoben.[2])

---

1) Um die Stellung der Organe nötigen Falles verbessern zu können, empfiehlt es sich für den Volksschullehrer, sich eines kleinen Stäbchens aus Horn zu bedienen, das etwa 10 cm. lang ist und an dem einen Ende in eine vorn gerundete 2 cm. lange und 1 cm. breite Platte, am andern Ende in eine Gabel endet, deren beide Zinken 1½ cm. Abstand haben, um die Zunge fassen zu können.

2) Da wir diese Übersicht bei allen stimmhaften Mundöffnern geben werden, bemerken wir, dass wir uns damit an die von Techmer aufgestellte

Im Deutschen giebt es ein offenes und ein geschlossenes a, wie auch alle übrigen stimmhaften Mundöffner in beiden Färbungen auftreten. Von ihnen sagt Sweet: »Der Unterschied beider Gruppen beruht auf der Gestalt der Zunge. Bei der Bildung geschlossener Vokale hat man ein Gefühl der Spannung in dem artikulierenden Teile der Zunge, die Oberfläche der Zunge ist stärker convex gemacht, als bei ihrer natürlichen Stellung für offene Vokale, in welcher sie schlaffer ist und mehr abgeflachte Gestalt hat. Die stärkere Wölbung der Zunge verengert natürlich den Mundkanal, daher der Name.[1])

In manchen Gegenden, namentlich in Österreich, werden die Lippen ein wenig vorgeschoben, so dass das a nach o hinüberklingt,

Sprechfehler: Dieselben werden hervorgerufen 1. durch zu starkes Heben des Kehlkopfes und durch zu energische Anspannung der Stimmbänder, wodurch der Stimmton ein zu hoher wird, 2. durch falsche Zungenstellung. Wird die Zunge zu weit zurückgeschoben, so entsteht eine Zungen-Gaumenenge, in welchem Falle ein Reibegeräusch hörbar wird. Beim Heben und Hervortreten des Vorderzungenrückens geht a allmählich in ä über.

Schreibung[2]):

 1. $a^3) = a$: Abend, assen, artig, Amerika, — las, frass, Mass, Gas, — da, ha, Amerika.

  aa: Aal, Aachen, — Paar, Haar.

»Synthetische Übersicht der wichtigsten Mundöffner-Reihen *i*.... *a*.... *u*.... etc.« halten Nur ziehen wir vor, mit Rücksicht auf die Bestimmung unseres Schriftchens die dort lateinischen Angaben zu verdeutschen. — *Wir werden fürderhin immer vier Steigerungsgrade unterscheiden, die folgende Bezeichnung erhalten sollen: 1. sehr gering, 2. gering, 3. mehr.... 4. sehr....*

 1) Siehe Sievers, Grundzüge der Phonetik, S. 92.

 2) Wir folgen hier, wenn auch mit Abweichungen, Vietor's Anordnung, die als mustergültig angesehen werden darf. Siehe dessen »Elemente der Phonetik.«

 3) ¨ über einem Mundöffner bezeichnet denselben als geschlossen, ˇ hingegen als offen. — Bei der Schreibung werden wir die Laute immer als An-, In- und Auslaute betrachten.

ah: wahr, Jahr, Lahn.
ha (nach *t*): Tharan, Thal, That, Thaler.

2. *ä = a* (in Silben mit Mundschliesserendung:) ab, an, ach, — hat, Ham, — (mit darauf folgender Mundschliesserdoppelung oder zwei verschiedenen Mundschliessern): Kamm, Lamm, Damm, Kanne, — hart, Karte, warten, — ha (Lachen) da, na (Interjektionen).

3 *ä* in den Diphthongen [1]): *ei, ai, ey, ay, au*: ein, rein, hei, — Haide, — Leyden, — Mayer, — kaufen, taufen.

Der Laut *u*.

Bildung: Der die Stimmbänder in Schwingungen versetzende Luftstrom gelangt in die Mundhöhle, die ihren grössten Umfang angenommen hat. Nicht nur, dass die Zunge am weitesten zurück drängt, wodurch der Zungenrücken dem weichen Gaumen sehr genähert wird [2]), auch die Lippen und die Mundwinkel werden vorgeschoben und erstere bilden eine kleine runde Öffnung. Da eine grössere Luftmenge als bei *u* im Munde befindlich sonst nicht sein kann, so ist es einleuchtend, dass bei dieser Mundform die tiefste Resonanz entstehen muss, und in der That bildet *u* nach der einen Seite hin die Grenze für die Mundöffner.

---

1) Unter Diphthong versteht man »zwei aufeinanderfolgende Mundöffner oder Mundschliesser, bei welchen
  I. nur ein Exspirationsdruck stattfindet, während
  II. die Stimmbandartikulationen und
  III. die Ansatzrohrartikulationen des ersten Komponenten (Lautes) in die des zweiten nicht sprungweis sondern allmählich auf direkter Bahn übergehen.« (Techmer, Phonetik S. 77). —
Sievers begreift unter D. nur die mit demselben Exspirationsstrom hervorgebrachte Verbindung zweier einfacher Vokale, deren erster den stärkeren Accent trägt.« (Grundz. d. Phonetik. S. 141.)

2) Brücke bemerkt hierzu in »Grundzüge der Physiologie etc. der Sprachlaute, Wien 1876« folgendes: »Beim *u* wird stets die Zungenwurzel den hinteren Gaumenbögen genähert; dies ist aber eine notwendige Folge des Herabsinkens des Kehlkopfes, und es muss deshalb zweifelhaft bleiben, ob es an und für sich wesentlich zur Erzeugung des Vokallautes beiträgt«.

Stellung der Artikulations-Organe bei u:
1. **Lippen:** sehr weit vorgestülpt.
2. **Lippenöffnung:** sehr gering und gerundet.
3. **Zunge:** sehr zurückgezogen, Abstand vom hinteren Gaumen sehr gering.
4. **Gaumensegel:** sehr gehoben.
5. **Schlund:** sehr weit geöffnet.
6. **Kehlkopf:** sehr wenig über die Ruhelage gehoben.

Im Deutschen unterscheiden wir ū und ŭ. Bei ū tritt die Zunge am meisten zurück, wird also auch am meisten gegen den weichen Gaumen gedrückt, während bei ŭ die Oeffnung zwischen Zungenrücken und Gaumen dadurch eine grössere wird, dass die Zunge mehr nach vorn tritt.

Sprechfehler: Der hintere Zungenrücken wird so gewölbt, dass Enge oder gar Verschluss am weichen Gaumen entsteht; im ersteren Falle hört man *ch*, im letzteren überhaupt nichts. Weiter aber kann auch die Lippenöffnung eine zu grosse oder zu kleine sein. Dann klingt *u* nach *o* hinüber, bezw. man vernimmt einen Geräuschlaut (*w*).

Schreibung:
1. ū = *u*: Ukas, Ursache, — gut, Schule, Buch, Muse, Musse, Schuster, Husten, — du, zu.
   uh: Uhr, — Pfuhl, — Schuh, Ruh.
   hu (nach *t*): Thule, thun.
2. ŭ = *u* (in Silben mit Mundschliesser-Endung): um, — Rum, zum, — (vor zwei Mundschliessern): und, Urteil, — Hunger, Futter, jucken.

Der Laut o.

Bildung: Den Uebergang von *u* nach *a* bildet *o*, welches nach der Artikulationsstelle ungefähr in der Mitte zwischen beiden Lauten zu suchen ist. Wir haben zu seiner Bestimmung zwei Wege offen; entweder gehen wir von der *a*- oder von der *u*-Stellung aus. Wählen wir den letzteren Weg.

Schwer ist es zu bestimmen, wo das *o* nach *u*, wo es nach *a* übergeht; da muss das Ohr regulierend wirken. Der Kehlkopf befindet sich fast in derselben Stellung wie bei *u*, jedoch tritt die Zunge weniger zurück. Die Lippenöffnung ist bei geringer Vorstülpung eine grössere wie bei *u*. Wir finden also, dass **Zungen-** und Lippenstellung hier die Mitte zwischen *a* und *u* bilden.

Stellung der Artikulations-Organe bei *o*:
1. **Lippen:** mehr vorgestülpt.
2. **Lippenöffnung:** gering und gerundet.
3. **Zunge:** mehr zurückgezogen.
4. **Gaumensegel:** mehr gehoben.
5. **Schlund:** sehr weit geöffnet.
6. **Kehlkopf:** sehr wenig über die Ruhelage gehoben.

Man unterscheidet auch hier ō und ŏ; letzteres tritt auch in dem Diphthong *äu*, *eu* auf, in welchem es als erster Laut, (Komponent) erscheint.

Sprechfehler: Sie haben ihre Ursache in falscher Zungen- oder Lippenstellung. Bei zu grossem Zurückdrücken der Zunge haben wir dieselbe Erscheinung wie bei *u*. Ist die Lippenöffnung eine zu grosse, so klingt *o* an *a* an, so dass beinahe das *a* der Österreicher gehört wird. Bei zu kleiner Lippenöffnung wird eine *u*-Färbung entstehen.

Schreibung:
1. ō = *o*: Obst, Oder, Omen, Ostern, — Polen, Polizei, Probst, Trost, stossen, — so, wo, Lemgo.
   oo: Moos, Boot.
   oh: Ohr, Ohlau, — bohren, Mohr, — roh, Floh.
   ho (nach *t*): Thor, Thon.
2. ŏ = *o* (vor einem Mundschliesser): ob, — von, — (vor mehreren Mundschliessern): Gott, fort, Hort.
3. ŏ in dem Diphthong *äu*: Häute, Häuser, — in *eu*: heulen, Leute, — in *oy* (Eigennamen): Hoyer, Hoymgrube.

Der Laut e.

Bildung: Er verhält sich zu *a* und *i*, wie *o* zu *a* und *u*, da er zwischen beiden erstgenannten Lauten ebenfalls die Mitte bildet. Trat bei *o* und *u* mehr die Lippenartikulation in den

Vordergrund, so ist es bei e und i mehr die Zungenartikulation. Der Kehlkopf wird ein wenig höher als bei a gehoben, die Kiefer nähern sich etwas, die Lippenöffnung wird, anstatt gerundet, verbreitert und die Zungenspitze an die unteren Zähne schwach angedrückt, während der mittlere Zungenrücken dem harten Gaumen genähert wird.

Stellung der Artikulations-Organe bei e:
1. Lippen: mehr zurückgezogen.
2. Lippenöffnung: gering und seitlich verlängert.
3. Zunge: mehr vorgeschoben.
4. Gaumensegel: mehr gehoben.
5. Schlund: gering geöffnet.
6. Kehlkopf: mehr gehoben.

Victor weist darauf hin, dass gerade der in Rede stehende Laut im Deutschen eine reiche Entwickelung erfahren hat. Wir haben auch hier ein geschlossenes $\bar{e}$ und ein offenes $\breve{e}$, welch letzteres aber kurz und gedehnt auftritt.

Sprechfehler: Diese können auf falscher Lippen- und Zungenstellung, aber auch auf zu grosser oder zu geringer Entfernung des Unterkiefers vom Oberkiefer beruhen. Wird nämlich der Kieferwinkel ein zu grosser, so tritt die Artikulation zurück und man vernimmt ein ä. Im Falle eines zu weiten Vorschiebens des Vorderzungenrückens, also eines Hervortretens der Artikulation, klingt e an i an, wie bei eintretender Verengung der Ansatzrohröffnung ö erklingt.

Schreibung:
1. $\bar{e} = e$: Eden, Esel, erst, Eva, — Hedwig, Schwetz, beredt, Telephon, Jesus, — ade.
   eh: Reh, Weh, hehr, sehr.
   ee: scheel, Geestland, Seele, Kaffee, Armee, Schnee.
   hee (nach t): Thee.
2. $\breve{e}$ (kurz) (vor einem Mundschliesser): es, — weg, des, — (vor mehreren oder doppelten Mundschliessern): Ernst, emsig, — bremsen, — Elle, Emma, — fett, fressen.
3. $\breve{e}$ (gedehnt) $= e$: Krebs, Dresden, Geberde, schwer.
   eh: Gewehr, Kehle.
   ee: Beere, Scheere, Teer.

ä: Arger, — Bär, wär.
äh: Ähre.
hä (nach t): Thäler, thätig.

Der Laut i.

Bildung: Er bezeichnet für die andere Seite (vgl. u) die Grenze für die Mundöffner, so dass selbige insgesamt zwischen u und i liegen. Fanden wir bei u das Ansatzrohr am längsten, so haben wir bei i das Gegenteil, da der Kehlkopf sehr gehoben wird und die Mundwinkel und Lippen zurückgezogen sind. Der mittlere Zungenrücken ist stark konvex, so dass der Luftdurchlass im Munde sehr eng ist. An beiden Seiten berührt die Zunge den Gaumen.

Stellung der Artikulations-Organe bei i:
1. Lippen: sehr zurückgezogen.
2. Lippenöffnung: sehr gering und seitlich verlängert.
3. Zunge: sehr weit vorgeschoben.
4. Gaumensegel: sehr gehoben.
5. Schlund: sehr gering geöffnet.
6. Kehlkopf: sehr gehoben.

Selbstverständlich ist auch hier das ī von dem ĭ zu unterscheiden. Ueber ihre Artikulationsunterschiede siehe Seite 23.

Sprechfehler: Oft sind diese die Folgen eines zu nachlässigen Sprechens. Gerade bei Hervorbringung dieses Lautes ist eine gewisse Energie unerlässlich. Wird nämlich mit zu geringer Kraft artikuliert, so klingt der Laut mehr an e an, da es dann unmöglich ist, die Artikulationsstelle so weit als eben nötig nach vorn zu legen. Bei zu starker Wölbung des mittleren Zungenrückens wird derselbe so an den harten Gaumen gedrückt, dass zum mindesten eine Enge entsteht, der Luftstrom also geräuschbildend wird, und man ein vorderes ch vernimmt.

Schreibung:
1. ī = i: Isaak, Ida, Israel, Igel, — Militär, — Regeldetri.
   ie: Dieb, Sieb, vierzehn, vierzig, lieb, — die, Marie.

ih: ihm, ihn, ihr.
ich: Vieh.
2. ī = i (vor einfachen Mundschliessern): in, im, — bin, hin, — (vor mehreren oder doppelten Mundschliessern): List, Mist, bist, Fistel, Mispel, Pfingsten, — Imme, Ickelsamer, — Lippe.

Der Laut ö.

Bildung: Mit diesem Laute kommen wir zu einer besonderen Art von Mundöffnern, die fürs gewöhnliche als »Umlaute« bezeichnet werden, welcher Name jedoch in der Phonetik keinen Platz hat, vielmehr in die Formenlehre zu verweisen ist. Bevor wir die allgemeinen Merkmale dieser Laute näher ins Auge fassen, wollen wir noch einmal daran erinnern, dass wir, von *a* ausgehend, zuerst solche Mundöffner besprachen, welche mit vorzugsweiser Lippenthätigkeit, dann aber auch solche, die mit hauptsächlicher Zungenartikulation gebildet wurden [1]. — Bei den Umlauten ist es nun charakteristisch, dass beide Artikulationen verbunden und für die Bildung gleichwertig auftreten.

Gehen wir auf den Laut *ö* näher ein. Das bezüglich der Mundöffner gesagte Allgemeine gilt natürlich auch hier, und da wir auf schon Bekanntes fussen dürfen, so ist auch die Artikulation nicht schwer anzugeben. Kurz können wir sagen: die Zunge nimmt die *e*-Stellung und die Lippen nehmen die *o*-Stellung ein. Wir werden uns sogleich davon überzeugen.

Stellung der Artikulations-Organe bei *ö*.
1. Lippen: mehr vorgestülpt.
2. Lippenöffnung: gering und gerundet.
3. Zunge: mehr vorgeschoben.
4. Gaumensegel: mehr gehoben.
5. Schlund: gering geöffnet.
6. Kehlkopf: mehr gehoben.

Es giebt ein geschlossenes und ein offenes *ö*.

[1] Siehe hierüber auch: Gutersohn, »Beiträge zu einer phonetischen Vokallehre«. Beilage zum Jahresbericht der früheren höheren Bürgerschule (jetzt Realschule) zu Karlsruhe 1881/82 und 1883/84.

Sprechfehler: In manchen Gegenden sucht man vergeblich ein ö beim Sprechen herauszuhören, achten doch selbst viele Lehrer bei ihren Schülern nicht darauf, oder, besser gesagt, hören sie doch gar nicht einmal den Fehler heraus, da sie ihn selbst machen. Dass man für ö oft e hört, liegt daran, dass die Lippenrundung unterlassen und dafür nur die Zungenartikulation gehört wird.

Schreibung:
1. ō = ö: öde, Öl, Österreich, österlich, — böse, Böte, Gehör, Getöse, Behörde, — Bö (kurzer Windstoss). öh: Höhle, Föhn, Böhmen.
hö (nach t): thönern, thöricht.
2. ŏ = ö (immer vor mehreren oder doppelten Mundschlusslauten): Mönch, — öffentlich, — Klöppel.

Der Laut ü.

Bildung: ü verhält sich zu ö, wie i zu e. Die Zungenartikulation wird weiter nach vorn gelegt als bei ö, nimmt also die i-Stellung ein, und die Lippenöffnung wird eine kleinere, gleich der bei u.

Stellung der Artikulations-Organe bei ü.
1. Lippen: sehr weit vorgestülpt.
2. Lippenöffnung: sehr gering und gerundet.
3. Zunge: sehr weit vorgeschoben.
4. Gaumensegel: sehr gehoben.
5. Schlund: sehr gering geöffnet.
6. Kehlkopf: sehr gehoben.

Es giebt ein geschlossenes und ein offenes ü.

Sprechfehler: Beim Sprechen ist bezüglich dieses Lautes dieselbe Wahrnehmung zu machen wie bei ö, also auch hier Vernachlässigung der Lippenartikulation.

Schreibung:
1. ū = ü: Überdruss, überdies, üblich, übrig, — Ungetüm, ungemütlich.
üh: fühlen, Hühner, kühn, Gebühr, — früh.

hü (nach t): Thür.
y[1]): Ysop, — Lyrik, Lydia.
2. ü = ü (vor mehreren oder doppelten Mundschliessern): Bündnis, bündig, Fürst, — Fülle.
y: Ypsilon, — Myrte.

Der Neutralvokal e[2]).

Allgemeines: Was verstehen wir unter »Neutralvokal«? Es ist der Mundöffner, der in der unbetonten Silbe die natürliche Vertretung eines anderen ist, und der in der ganzen Sprache auf die leichteste Art zu bilden ist[3]). Wir finden den Neutralvokal sowohl im Englischen, Französischen, als auch im Deutschen. Lautet er im Französischen und Englischen wie ŏ (sehr kurz), so ist er im Deutschen ein ganz kurzes ĕ. Er ist der Laut, welcher entsteht, wenn man den Mund zum Sprechen öffnet, ohne schon das richtige Wort zu haben.

Bildung[4]): Dieser Laut wird gebildet, indem die Zunge sich sowohl gegen den weichen als gegen den harten Gaumen hin erhebt, dazwischen aber eine Vertiefung gebildet wird. Der Klang ist immer ein unbestimmter. Die Neutralität dieses Lautes ist an der öfteren Apostrophierung und an dem gänzlichen Auslassen zu erkennen. (Beispiele siehe unten).

Schreibung:
1. e: Bedarf, bestehen, bestreben, Gebrauch, Gebot, Geheiss, gelobt, — bitten, sprechen, essen, Atem, allen, Gabel, Fibel, Tante, Onkel.
2. (apostrophiert oder weggelassen): Rostbrat'l, Würst'l, Nockerl', (österreichische Bezeichnungen), — Ischl, Gungl.

---

1) y wird sowohl wie i als auch wie ü gesprochen; ich halte letztere Aussprache für die richtigere.
2) Nach Lepsius, »das allgemeine linguistische Alphabet, Berlin 1855«, auch »unbestimmter Vokal« genannt.
3) Vergl. hierzu: Passy, »kurze Darstellung des französischen Lautsystems« in: Vietor, Phonet. Studien, Heft I, S. 28.
4) Nach Vietor, Elemente d. Phonetik etc.

Zusatz.

Es kommt bisweilen vor, besonders in Fremdwörter und Wörtern dialektischen Ursprungs, dass der Mundöffner mit Nasenresonanz gesprochen wird, welche Erscheinung durch ein grösseres Senken des Gaumensegels hervorgerufen wird [1]). Wir haben dafür keine besondere Schreibung, weshalb auch sprachlich nicht Gebildete die Nasenresonanz beim Sprechen z. B. französischer Wörter vermissen lassen, wie auch im allgemeinen im Deutschen für nasales a, $ä$, o, $ö$, $aŋ$, $äŋ$, $oŋ$ und $öŋ$ gesprochen wird (s. auch Vietor, Elemente d. Phonetik, S. 99).

Nasale Mundöffner finden wir in folgenden (Fremd-) Wörtern:

Balance, Fayence, Avancement, Demimonde, Vicomte, Teint, Parfum.

In mir bekanntem Dialekt glaube ich nasales i und u zu hören. Man spricht da für »*wenig*« — »*wiŋk*«, für »*weniger*« — »*wiŋer*«, für »*herunter*« — »*ruŋer*« und dergl. mehr.

Der stimmlose Mundöffner h.

Bildung: Er entsteht, wenn der aus den Lungen kommende Luftstrom die auf Hauchenge gestellten Stimmbänder trifft. Hier Geräuch bildend, kommt die Luft in das Ansatzrohr, das bereits als Resonanzraum für den folgenden Mundöffner hergerichtet ist und somit auch den Hauch resonatorisch modifiziert. Daraus folgt, dass es so viele h als stimmhafte Mundöffner geben muss oder, besser noch, dass es für jeden stimmhaften Mundöffner ein entsprechendes h giebt. (Hoffory) [2]).

---

[1] Nach v. Miklosich sind es besonders die Mundöffner a, $ä$, o, $ö$, die mit Nasenresonanz gesprochen werden.

[2] Schon Kempelen bemerkt hierzu (s. Techmer, »Phonetik«, S. 45), »dass der Buchstabe h keine eigene Lage hat, sondern immer desjenigen Selbstlauters seine annimmt, der ihm nachfolgt .... Sagt man z. B. Himmel, so liegen, eh das h noch anfängt, schon Zunge und Lippen in der Lage des i, bei Huld in der des u. — Zugleich sei auch hier auf die an derselben Stelle aufgeführten übrigen Auszüge aus sprachwissenschaftlichen Werken bezüglich des h hingewiesen

Kommt in fremden Sprachen *h* auch vor Mundengeschlusslauten vor, so macht hierin die deutsche Sprache eine Ausnahme, indem das *h* hier *nur* vor Mundöffnern steht. Hörbar ist es aber nur vor solchen, die den Haupt-, wenigstens aber den Nebenton haben. Vor unbetonten Mundöffnern bleibt es stumm.

Wir sprechen also immer mit *hörbarem* Hauchlaute:
  haben, hast, Hunger, hundert, halt, Hammer, Herr, — chern, anhalten, anheften,
wogegen in:
  sehen, flehen, stehen u. s. w.
h nicht gehört wird.

II. Mundschliesser.

Allgemeines.

Mit diesem Namen bezeichnen wir die Laute, die für gewöhnlich Konsonanten genannt werden. Schon der Name giebt über ihre Bildung Aufschluss. Sie entstehen nämlich dadurch, dass sich der Mund schliesst, oder, wenn kein vollkommener Verschluss da ist, er sich verengt, so dass der Luftstrom, der den Verschluss durchbricht oder durch die Enge entweicht, ein Geräusch verursacht. Hiermit haben wir den Gegensatz zu den Mundöffnern genannt. *Also Geräusch ist das Charakteristikum der Mundschlusslaute, wie Klang das der Mundöffner.* Nur bei einigen der ersteren Laute treten die Stimmbänder so eng zusammen, dass sie in Schwingungen durch den Luftstrom geraten, jedoch unterbleibt auch in diesem Falle nicht die Geräuschbildung, nur ist letztere schwächer, als bei den entsprechenden Lauten ohne Stimme. Doch darauf kommen wir bei Besprechung der einzelnen Laute.

a. Mundengelaute.

Man rechnet sie, wie aus dem Vorhergehenden bereits ersichtlich, zu den Mundschliessern i. w. Sinne. Sie entstehen dadurch, dass an irgend einer Stelle in der Mundhöhle eine Enge entsteht, durch welche der Luftstrom Geräusch bildend entweicht. Das Gaumensegel steht sehr hoch, während die Stimmbänder auf Blasöffnung oder (bei den stimmhaften) auf Unterstimmenge gestellt sind.

Der Laut f (v, w).

Bildung: Drei Zeichen für einen Laut, nur dass das letztere Zeichen den Hinzutritt der Stimme anzeigt. Die Enge kann auf zweifache Weise gebildet werden, einmal zwischen den Oberzähnen und der Unterlippe (norddeutsch), das andere Mal aber durch Ober- und Unterlippe (süddeutsch w); bei letzterer Artikulationsweise entbehrt auch w des Stimmtones. Sievers meint, das der Süddeutsche wohl desshalb die Zweilippenartikulation bei w anwendet, weil sie das geringste Geräusch erzeugt, wenigstens ein geringeres als die Zahn-Lippenartikulation [1].

Nach Techmers System gehört der f-Laut zu den Lippen-Zahnlauten oder zu den Lippenlauten. In folgender Weise sind die Artikulationsorgane bei der f-Bildung thätig: Die Enge entsteht, wie gesagt, zwischen den Lippen, oder den Oberzähnen und der Unterlippe, die Zunge ist in Ruhe, die Stimmbänder sind geöffnet oder (bei w) zur Klangbildung eingestellt.

Sprechfehler: Mitunter wird das f zu nachlässig artikuliert, so dass ein stimmloses w vernommen wird. Ferner wird bisweilen die Unterlippe zu sehr, fast bis über die Oberzähne heraufgezogen, und es entsteht wie in dem folgenden Falle ein Verschluss, wo die Unterlippe von den Oberzähnen zu viel eingerafft wird und zum grossen Teile hinter denselben verschwindet.

Schreibung:
1. f = f: Fenster, Flinte, Fürst, Funke, — Stift, Stiefel, Hafer, After, — Schaf, lauf.

---
[1] Man kann Victor beipflichten, wenn er meint, dass in der Verbindung schw und qu das w ausschliesslich mittels beider Lippen (bilabial) hervorgebracht wird. Dieselbe Wahrnehmung macht man auch nach z (zwei).

ff: Affe, Offizier, Pfeffer, Koffer, — Haff, paff, Muff.
v: Vieh, verwildern, Verstoss, versuchen, vier, vor, — zuvor, — brav.
ph: Phonetik, Philosophie, phlegmatisch, — Epheu, — Philosoph.

2. *w* — *w*: warm, Winter, weinen, Weizen, Weile, Wachs, Wuchs, — Bewandnis, bewegt, bewachsen.
v (in Fremdwörtern): Vokal, Viktor, Viadukt, — nervös, Proviant, Provision.
u (nach *q*): Quelle, Quirl, Quadrat, Quappe, — bequem, erquicken.

Der Laut s.

Von vornherein wollen wir bemerken, dass mit *s* zwei verschiedene Laute bezeichnet werden, nämlich dass *s* in Weste, Espe, Fuchs, essen, und das *s* in Sendung, Säbel, summen u. s. w. Um nun im folgenden nicht missverstanden zu werden, wollen wir uns für das letztgenannte *s* des Zeichens *z* bedienen.

Bildung: Die *s*- und *z*-Laute werden mittels Vorderzungenrücken- oder Zungenspitzen-Artikulation hervorgebracht. Die Unterzahnreihe nähert sich der Oberzahnreihe bis auf eine ganz kleine Entfernung, ja mitunter werden (bei weitem Abstande der Zähne von einander) die Oberzähne auf die Unterzähne aufgesetzt. Die Zungenspitze und der hinter ihr liegende Teil des Zungenrückens legt sich entweder an die unteren Schneidezähne leise an, in welchem Falle sich dann der vordere Vorderzungenrücken dem harten Gaumen nähert (vgl. Brücke, »Grundzüge etc., Seite 53). Wohl ist aber auch die *s*-Bildung möglich, wenn sich das Zungenblatt bis hinter die oberen Schneidezähnen oder bis an die Alveolen erhebt. Der Luftstrom wird über den Zungenrücken, der eine breite Fläche bildet, im hinteren Teile gehoben ist und mitten eine Rinne zeigt, gegen die Zähne getrieben, hier das den Zischlauten eigentümliche Geräusch bildend (s. Sievers, Grundzüge der Phonetik).

Die Lippen sind etwas zurückgezogen [1]). — Tritt der Stimmton hinzu, also beim z-Laute, so wird der Luftstrom ein schwächerer, wie auch dadurch das Geräusch an Schärfe verliert [2]).

Sprechfehler: Die Enge wird bisweilen zum Verschluss, wenn sich die Zunge zwischen die Zähne schiebt; man hört dann ein stossweise hervorgepresstes s oder gar nichts. — Mit der Zurückziehung der Zunge entsteht ein sch, was durch das Vorstülpen der Lippen noch mehr zum Ausdruck kommt.

Schreibung:
1. s = s: Skandinavien, Sekondlieutenant, Skizze, Skat, — Esther, ist, Ast, fasten, — Ochs, Wachs, Lachs, Hans.
 ss: hassen, fassen, Masse, Kasse, Russe, Wissen.
 ß: Muße, müßig, — Kuß, Schloß.
2. z (s. Seite 35) = s: Seite, Säbel, Sommer, summen, sieben, — rasen, mausen, hausen.

Wir dürfen nicht unerwähnt lassen, dass sich die Süddeutschen wenig oder gar nicht zum stimmhaften z-Laut bekennen. Vielmehr huldigen manche der Ansicht, dass sich die stimmlosen von den stimmhaften s-Lauten nur durch die Dauer unterscheiden. So muss es überraschen, wenn Knobel, »Möglichst einfaches und sicheres Schriftsystem für alle Sprachen«, 1862, sagt, dass alle stimmlosen Mundengeschlusslaute den stimmhaften gegenüber Doppellaute und nicht besondere Sprachelemente sind [3]).

Wir haben weiter zu bemerken, dass der letzte Buchstabe in unserem Alphabet nicht einen einfachen, sondern einen zusammengesetzten Laut bezeichnet, der aus t und s gebildet, ts gesprochen und z geschrieben wird. Dieser zusammengesetzte

---

1) vergl., was Amman in seiner »dissertatio de loquela«, Amsterdam 1700, bemerkt.

2) So sagt auch William Holder schon in seinem »Elemente of Speech«, London 1669, dass sich die weichen Laute ..., s und sch durch das Mittönen der Stimme von den harten unterscheiden. (Michaelis, Ueber d. Physiologie und Orthographie der Zischlaute. Berlin 1883, S. 21).

3) s. Michaelis, Zischlaute. — Wer sich eingehender über genannte Laute unterrichten will, dem sei das Werk bestens empfohlen.

Laut *ts* tritt in der Schreibung verschieden auf. Wir merken folgende Fälle:

    ts = ts: Rätsel.
    tts: Rabatts (2. Fall von Rabatt).
    ds: Hunds, hundsföttisch.
    z: Zier, Zimmt, Zinne, Zorn, — verzieren, reizen, verzehren, verzinnt, — Schurz, Scherz.
    tz: Batzen, Butzen, stutzen, Tatze, — Spatz, Latz.
    c (in Fremdwörter): Cäsar, Centimeter, Censur, — Recept, Recitator.

Der Laut sch.

Bildung: Er ist in bezug auf Artikulation dem vorigen Laute nahe verwandt. Von der *s*-Stellung aus tritt nur die Zunge ein wenig zurück, so dass ein grösserer Abstand zwischen dem Vorderzungenrücken und dem Gaumen wird, während die Lippen vorgeschoben werden und so noch eine zweite von der Mundhöhle durch die Zähne geschiedene Vorhöhle bilden. Der Stimmton tritt in der deutschen Sprache nicht zum *sch*-Laut, wohl aber im Französischen, so dass aus dieser Sprache stammende Wörter mit einem stimmhaften und demnach weichen *sch* (geschrieben *g* oder *j*) gesprochen werden (Journal, Genie). — Der Laut *sch* ist ein Vorderzungenrücken-Spitzen-Laut.

Sprechfehler: Dadurch, dass statt des Vorderzungenrückens das Zungenblatt oder gar die Zungenspitze artikuliert, verliert das *sch*-Geräusch an Fülle; es bekommt eine schärfere nach *s* hinneigende Färbung. Bei zu geringer Lippenthätigkeit dürfte, falls die Zungenartikulation nicht weiter zurückverlegt würde, derselbe Fehler bemerkbar werden. Bei zu grosser Entfernung der Zahnreihen von einander, in welchem Falle die Engenbildung erschwert wird, wird nur ein Hauchlaut gebildet.

Schreibung:

    sch = sch: schwarz, schwach, schwierig, Schmutz, Schmach, — Asche, Ischl, Oschatz, Esche, — Fisch, frisch, wusch.

    s (im Anlaut vor *p* oder *t*): sprechen, Spiess, spitz, Sprung, Spange, — Stein, stossen, stehen, Stahl.

In Hannover wird anlautendes *sp* oder *st* nicht wie *schp* bezw. *scht* gesprochen, es vollzieht sich vielmehr dort die Aussprache gemäss der Schreibung.

Der Laut ch (j).

Es liegt uns daran, die Bemerkung vorauszuschicken, dass bei keinem Laute eine so folgewidrige Aussprache anzutreffen ist, als gerade bei *ch*, wie wir nachzuweisen bald Gelegenheit finden werden.

Bildung: *ch* wird auf zweifache Weise im Deutschen gebildet. Es richtet sich dies nach der Lage der Artikulationsstelle, und zwar kann sie sich entweder am harten oder am weichen Gaumen befinden. Durch die vordere Artikulation erhält der Laut einen weichen, durch die hintere einen härteren Charakter.

Betrachten wir zuerst den Laut mit vorderer Artikulation. Die Zungenspitze legt sich an die unteren Zähne, wodurch die Zunge ein wenig zurückgedrängt wird. So entsteht eine Wölbung des mittleren Zungenrückens, der mit dem harten Gaumen eine Enge bildet. Die Zahnreihen bleiben in mässigem Abstande. Wir zählen dieses eben beschriebene *ch* zu den Mittelzungenlauten. — Das andere, hintere *ch* unterscheidet sich von dem ersteren durch die mehr nach hinten verlegte Artikulationsstelle. Es bildet hier nämlich der hintere Zungenrücken an der Grenze des harten und weichen Gaumens eine Enge (also Hinterzungen-Gaumenbeinlaut); die Zunge hat bei dem hinteren *ch* etwa dieselbe Stellung wie bei *u*, nur dass sie mehr gewölbt ist.

Sprechfehler: Sie bestehen oft in der Vertauschung der beiden *ch*, oder in der steten Anwendung nur eines von beiden. Ausserdem kann es auch vorkommen, dass die Artikulationsstelle zu weit nach hinten (an den weichen Gaumen) verlegt wird, in welchem Falle nur noch ein undeutliches Reibungsgeräusch, unterbrochen von der dann leicht entstehenden Schlussbildung, gehört wird.

Schreibung [1]):

1. *ch* (vorderes) = *ch* (im Anlaut, nach *ä, e, i, ö, ü, äu, ei* und nach den Mundschliessern): China, Chemie, — Wächter, echt, Licht, Löcher, Bücher, Leuchter, leicht, — frech, — manch, Mönch.

   g (nach oben genannten Mundöffnern und vor einem Mundschliesser): trägt, legt, liegt, Vögte, trügt, säugt, — Steg, Zweig, ruhig, — Berg.

   (Gerade in den eben angeführten und denen ähnlichen Beispielen ist die Aussprache recht verschieden. »Ländlich — sittlich« wird da oft zur Verteidigung herangezogen. Doch es wäre endlich einmal an der Zeit, mit den phonetischen Folgewidrigkeiten zu brechen. Niemand wird ernstlich meinen, dass man »ruhig«, »König«, »widrig«, und »Weg« (Wek), »Zweig« (Zweik), »Steg« (Stek) nebeneinander als richtige Aussprache gelten lassen kann. Entweder — oder!).

1. *j*: ja, Juno, Jahr, — Major, majorem.
   i (nach stimmhaften Mundengelauten): Familie, Union, Kommunion.

2. *ch* (hinteres) = *ch* nach *a, o, u, au*: lachen, Sache, Buche, Bauch, — Fach, Loch, Buch, auch,
   g: Lage, Bogen, Kugel, Auge, — Tag, log, Zug.

Der Laut l.

Bildung: Bei diesem Laute hat man die Engenbildung an beiden Seiten der Mundhöhle zu suchen, nämlich zwischen den Seitenrändern der Zunge und den hinteren Backzähnen. Die Zungenspitze legt sich an die oberen Schneidezähne oder gar an die Alveolen und bildet dort einen Verschluss, daher dieser Laut auch als seitlicher Zungenspitzenlaut zu bezeichnen ist. Eine Hebung des Zungenrückens in irgend einem Teile findet nicht statt. Der Stimmton tritt zu dieser Artikulation hinzu.

---

1) Nach Vietor.

Sprechfehler: Die Zunge bekommt statt der Flächenform eine kegelförmige Gestalt; in diesem Falle kann sie zur Engenbildung nicht an die Backzähne heranreichen. Ist die Zunge von Natur zu dick, so ist immer die *l*-Bildung schwer, da die seitliche Engenbildung vereitelt wird. Bisweilen findet die Engenbildung nur auf einer Seite statt.

Schreibung:

$l = l$: Land, Lamm, laufen. — eilen, spielen, Mühle, — Spiel, viel, kühl, Stahl, Stuhl.

ll: fallen, füllen, Wille, — all, Ball, Stall, still, Mull.

Der Laut r.

Auch hier haben wir es, gerade wie bei *ch*, mit doppelter Artikulation zu thun. Entweder wird das *r* mit der Zungenspitze oder mit dem Zäpfchen gebildet, daher auch die Unterscheidung in Zungen- und Zäpfchen-*r*. Letzteres gewinnt immer mehr an Ausbreitung, doch ist auch ersteres noch viel anzutreffen, besonders auf dem platten Lande. Warum man so zäh im Taubstummen-Unterrichte am Zungen-*r* hängt, ist schwer einzusehen. Wollte man auch eine leichtere Absehmöglichkeit dafür geltend machen, so wird dennoch der Grund sogleich hinfällig, wenn man erwägt, dass von sehr vielen derjenigen, mit denen der Taubstumme später in Verkehr tritt, gar nicht das Zungen-*r* gesprochen wird. — Hier dürfte es sich verlohnen, näher auf die Frage einzugehen, welchem von beiden *r* der Vorzug gebührt. Ich möchte nicht so ohne weiteres das eine dem andern vorziehen, das Zungen-*r* etwa dem Zäpfchen-*r* wegen seiner Ursprünglichkeit. Ich lasse die Natürlichkeit in der Artikulation massgebend sein und meine, *dass ein natürliches Zäpfchen-r einem nur mit Anstrengung und demgemäss unnatürlich hervorgebrachten Zungen-r vorzuziehen ist*[1].

---

[1] Siehe hierzu: M. Trautmann, »Zur Geschichte des Zäpfchen-*r* im Deutschen« in Vietor, Phonetische Studien, Marburg bei Elwert 1887. Heft I, Seite 63.

Bildung: Die Bildung des Zungen-r vollzieht sich in der Weise, dass die Zungenspitze gehoben wird und diese an den Oberzähnen oder bei grösserer Hebung an den Alveolen eine Enge bildet. Durch einen starken Luftstrom wird die Zungenspitze in Schwingungen versetzt, da die Zunge, in ihrem hinteren Teile gehoben, an den Seiten bis an die Backzähne heranreicht, so dass dem Luftstrom nur ein Entweichen nach vorn möglich ist. Mit dieser Artikulation ist der Stimmton verbunden.

Anders vollzieht sich die Bildung des Zäpfchen-r. Die Zungenspitze tritt zurück und drückt nach unten, so dass der hintere Zungenrücken gehoben wird. In diesem Teile der Zunge bildet sich eine Längsvertiefung, in welcher sich das in Schwingungen versetzte Zäpfchen bewegt. Auch hier tritt der Stimmton auf. — Die Schwingungen sowohl der Zungenspitze wie des Zäpfchens bringen zeitweilig einen Schluss hervor, der aber immer wieder sofort vom Luftstrome unterbrochen wird und Zitterschluss heisst. — Aus dem Vorhergegangenen zu schliessen ist das Zungen-r ein Zungenspitzenlaut mit Zitterschluss, während das Zäpfchen-r als Hinterzungen-Gaumensegellaut mit Zitterschluss erscheint.

Sprechfehler:

Man kann es als Fehler bezeichnen, wenn bei dem r, gleichviel ob beim Zungen- oder Gaumen-r, die Schwingungen vermisst worden. Dieser Fehler kann bei ersterem eintreten, wenn die Zungenspitze mehr als nötig den Schneidezähnen bezw. den Alveolen genähert wird, beim Zäpfchen-r, wenn das ganze Gaumensegel sich an der Engenbildung beteiligt.

Schreibung[1]:

    r = r: Rad, Reifen, Reis, — fahren, scheeren, Beere, Lehre, — gar, klar, Kur, zur.
    rr: starren, Karre, — starr, wirr.
    rh: Rhein.

b. Mundschlusslaute i. e. Sinne.

Sie haben ihren Namen davon, dass zu ihrer Entstehung ein vollständig gebildeter Schluss der Mundhöhle eintreten

---

[1] Für beide Artikulationsweisen ist nur ein Zeichen.

muss. Derselbe findet bei verschiedenen Lauten an verschiedenen Stellen in der Mundhöhle statt. Wir betrachten im folgenden die Laute in der Reihenfolge, die durch das örtliche Zurückschreiten der Schlussbildung im Munde bedingt wird. Einige dieser Laute werden sowohl mit als ohne Stimmton gebildet. Jedoch kann der Stimmton nur so lange gehalten werden, als es möglich ist, Luft von der Lunge aus in den verschlossenen Mund einzutreiben. In Süddeutschland werden die sonst stimmhaften Mundschliesser ebenfalls stimmlos gesprochen. (Vgl. hier das bezüglich einiger stimmhafter Mundengelaute Gesagte.[1])

Eine Frage habe ich noch zu berühren: Was ist für das den Mundschliessern p, t, k eigentümliche Geräusch bedingend, die Bildung des Verschlusses oder seine Lösung? Sievers sagt in seinem »Grundzüge der Phonetik«, Seite 136: »Es liegt ausser allem Zweifel, dass das specifische Geräusch des Verschlusslautes hier (nämlich bei den Silben pa, ba) *einzig und allein auf der Explosion beruht*. Ich kann dem eben Angeführten durchaus nicht beistimmen; man bewiese mir denn, dass Wirkung und Ursache dasselbe seien. Zunächst beruht freilich das betr. Lautgeräusch auf der Plosion, doch aber auch, letztere als Wirkung einer Ursache betrachtet, auf der Verschlussbildung. Erst eine starke Verschlussbildung kann eine kräftige Lösung zur Folge haben. Nehmen wir als Beispiel p. Da hier ein kräftiger Luftstrom in den Mund getrieben wird, so muss dieser, soll die Luft nicht entweichen, kräftig geschlossen werden; ein leichter Verschluss würde vom Luftstrom durchbrochen, so dass mindestens eine Enge sein Entweichen gestatten würde. Ist aber der Verschluss ein fester, so kann genügend Luft in den Mundraum kommen, die auch dann ein stärkeres Plosionsgeräusch

---

[1] Wenn ich hier anführe, was mir kürzlich bezüglich des den Lauten b, d, g eigentümlichen Stimmtones vor Augen kam, so wünsche ich dies als Kuriosum aufzufassen, da ich nicht glauben kann, dass der betr. Verfasser ernst genommen sein will. Er sagt: »Der Stimmton, den man an den genannten Lauten herauszuhören glaubt, rührt in Wirklichkeit von dem vorhergehenden oder nachfolgenden (!) Vokale bezw. Halbvokale (m, n, l, r) her und ergiebt sich durch ihre Zusammenstellung mit diesen Lauten von selbst; z. B. Erde, ende, eben.« Gewiss etwas Neues!

zur Folge haben wird. Sievers wird doch nicht meinen, dass mit der Verschlussbildung von b auch ein p-Plosionsgeräusch entstehen könnte. — Ich halte Verschlussbildung und -lösung im allgemeinen für gleich wesentlich für die Bildung der Mundschliesser oder für die Erzeugung »des specifischen Geräusches der Verschlusslaute.« —

Besser als Sievers trifft Vietor in seinem »Elemente der Phonetik etc.«, S. 163, die Sache, wenn er sagt: »Bei der Artikulation der Verschlusslaute ist zu unterscheiden 1. Bildung des Verschlusses, 2. Lösung desselben. Lautlich kommt im Anlaute nur das erste Moment, im Auslaute *oft* nur das zweite in Betracht, indem die andere Hälfte der Artikulation langsam und unmerklich vor sich geht; im Inlaute hingegen beide.

Die Verbindung eines Mundschliessers mit einem auf gleicher Artikulationsstufe stehenden Nasallautes betrachten wir bei Besprechung der einzelnen Fälle.

Die Laute p, b.

Bildung: Der Verschluss wird mittels der Lippen gebildet, die bei *p* fest geschlossen werden. Die Luft wird mit starker Kraft aus den Lungen durch den offenen Kehlkopf in den Mundraum getrieben und hier verdichtet, bis er den Lippenschluss sprengt und nach aussen entweicht. *p* sowohl wie das unten zu beschreibende *b* sind Lippenschlusslaute. — Wenn Vietor sagt, dass bei *p* in der Verbindung mit *f*, also *pf*, der Verschluss mittels Oberzähne und Unterlippe gebildet wird, so kann ich nach meinen Beobachtungen dem nicht beistimmen. Ich bilde den *p*-Verschluss in genannter Verbindung mittels der beiden Lippen, nach erfolgter Posion tritt bei mir die Unterlippe etwas zurück, so dass sie mit den Oberzähnen die *f*-Enge bilden kann.

Sprechfehler: Sie sind in einem zu schwachen Verschluss zu suchen, so dass ein stimmloses *b* gehört wird, wenn nicht gar Engenbildung eintritt. — Ein Hinzutreten des Stimmtones macht die Artikulation schwächer. — Es kann auch vorkommen, dass vor dem Lösen des Verschlusses eine Öffnung des Nasenkanals statt hat, so dass ein stimmloses *m* vor dem *p* entsteht.

Schreibung:
p = p: Paul, passen, peinlich, Peitsche, — Papa, rupfen, klopfen, — Kap. —
pp: Truppe, Puppe, Kappe.
b (im Auslaut): ob, Trieb, Korb, starb. —

b unterscheidet sich von *p* dadurch, dass der Stimmton hinzutritt. Durch die geschlossenen Stimmbänder erleidet der Luftstrom eine Hemmung, so dass er auch nicht so voll und stark wie bei *p* in die Mundhöhle getrieb n wird. Dieser Umstand macht auch eine schwächere Schlussbildung erforderlich, die in weiterer Folge eine schwächere Plosion nach sich zieht. Hier haben wir die Anwendung des Techmer'schen Gesetzes: Je grösser die Hemmungen an der Stimmbandstelle, desto geringer im allgemeinen die Hemmungen im Ansatzrohr und umgekehrt.

Schreibung:
b = b: Bauer, Bart, Bube, Brot, Bier, — aber, über, ober, Abend. —
bb: Ebbe, abblassen, (blasser werden).

Folgt *m* auf *p* oder *b*, so findet eine *p*-Plosion nicht statt, vielmehr bleiben die Lippen für *m* geschlossen. Hingegen findet durch Senken des Gaumensegels die Öffnung des Nasenkanals statt, welchen Weg dann auch der entweichende Luftstrom wählt.

Die Laute t, d.

Bildung: Sie unterscheiden sich von dem oben beschriebenen *s* dadurch, dass die dort befindliche zwischen dem Zungenblatt und den Alveolen gebildete Enge hier mittels der Zungenspitze geschlossen wird. Sonst gehört auch *t* und *d* zu denselben Lauten wie *s* und *z*, nämlich zu den Zungenspitzenlauten, nur mit dem Unterschied, dass *s* und *z* Enge-, *t* und *d* Schlusslaute sind. Es dürfte zweifelhaft sein, ob das mitunter vorkommende Zurückziehen der Lippen hier von Einfluss auf die Lautbildung ist. Zu erwähnen bleibt noch, dass bei *t* und *d* der Luftstrom eher als bei *p* auf den Verschluss trifft, da derselbe weiter im Munde zurückliegt.

d verhält sich zu *t*, wie *b* zu *p*, so dass das bezüglich des Unterschiedes bei *p* und *b* Gesagte auch hier gelten dürfte. Zugleich sei bemerkt, dass auch bei der Verbindung *tn*, *dn* eine Lösung des *t*-Verschlusses nicht vor sich geht. (Vergl. das bei *pm*, *bm* Gesagte.)

Sprechfehler: Die vielfache Möglichkeit der *t*-Bildung ruft mancherlei Abweichungen von dem eben beschriebenen *t* hervor; so kann der Fall eintreten, dass die Zungenspitze zu weit oben am Gaumenbein artikuliert, wie auch, dass sie sich zu sehr zwischen die Zähne schiebt und so leicht unter Engenbildung ein dem *s* ähnlicher Laut hervorgerufen wird.

Schreibung:
t = *t*: Tafel, treiben, Tinte, — Aster, Atem, betrüben, — Konzert, Laut, Wort.
tt = wetten, klettern, Stätte, Kette, Mitte, — wett, Bett, matt. Ritt.
th: Thür, Thor, Thon, Theodor, Thee, — Günther, Walther.
d (im Auslaut): eilend, weinend, Kleid, Eid, Leid.

Für die Verbindung von *t* und *s* (*ts*) hat das deutsche Alphabet ein besonderes Zeichen, nämlich *z*, *Z*. (Wir verweisen hier auf S. 36.) —

Schreibung des *d*-Lautes:
d = *d*: durch, Dame, Dank, — Adam, Adel, Undine, beide.
dd: Adda, addieren, Troddel, Puddelwerk.

Die Laute *k*, *g*.

Bildung: Bei diesen Lauten erfolgt die Schlussbildung am weitesten hinten im Munde. Der hintere Zungenrücken artikuliert gewöhnlich am harten Gaumen. Jedoch wird die Artikulation sofort weiter nach dem weichen Gaumen zu zurückgelegt, wenn gutturale[1]) Mundöffner, weiter vor hingegen, wenn palatale folgen: im letzteren Falle artikuliert dann statt des Hinterzungenrückens der Mittelzungen- oder Vorderzungenrücken.
— Der Laut *g* steht zu *k* in gleichem Verhältnis wie *b* zu *p*

---
1) guttur, die Kehle.

und d zu t. Auf seine Aussprache als In- und Auslaut haben wir schon gelegentlich des Mundengelautes ch (S. 39) hingewiesen. — In der Verbindung k und ŋ, wie g und ŋ findet keine Lösung des Mundverschlusses statt. — k und g sind, wenn wir sie in das von Techmer übernommene System einreihen wollen, entweder Hinterzungen-Gaumenbein- oder Hinterzungen-Gaumensegel- oder endlich Mittelzungen- oder Vorderzungenrücken-Schlusslaute.

Sprechfehler: Die Aussprache des in Rede stehenden Lautes fällt den Kindern anfänglich sehr schwer. Sie wissen sich aber zu helfen, indem sie die Schlussbildung weiter nach vorn verlegen und das leichtere t sprechen. Diesen Fehler muss aber die Volksschule oft mit übernehmen. Da gilt es dann für den Lehrer, denselben durch Hilfeleistung und Gewöhnung zu beseitigen. Weiss er erst die Artikulationsstellung, so kann er über das Wie? nicht in Zweifel sein. — Wird der Verschluss nicht fest gebildet, so entsteht ch.

Schreibung:
1. k = k: Kohle, Köder, Keil, kurz, keimen, — Akelei, bekommen, verkaufen, — Musik, Bank, krank.
   ck: wacker, Becken, Strecke, — Strick, Reck, Schock, leck.
   ch: christlich, Christ, Chor, Wachs, Wuchs.
   qu = kw (s. S. 35).
   g: flugs, (auslautend) Gig.
   gg: Brigg.
2. g = g: Gabe, geben, gut, Gebrauch, — (inlautend vor betontem Mundöffner[1])) Regierung, Riga, Rigi, Begier.
   gg: baggern, Egge, Dogge, Roggen.

Für die Verbindung k und s (ks) besitzt das deutsche Alphabet ebenfalls wie für ts ein Zeichen, nämlich x, X.

Schreibung:
Xaver, Xante, Xantippe, - Axt, — Bux, Max.

---

1) s Vietor, Elemente der Phonetik etc.

Der Laut m.

Er und die beiden folgenden Laute unterscheiden sich, obgleich auch Mundschliesser, wesentlich von den vorhergehenden. Die Mundschlusslösung findet während der Dauer des Lautes gar nicht statt, sondern dadurch, dass sich das Gaumensegel senkt, wird der Nasendurchgang für den Ausatmungsstrom frei, so dass die Luft da entweicht. Diese Laute, die sämtlich stimmhaft sind, heissen auch Nasalkonsonanten. Waren die vorher besprochenen Laute p, b, t, d, k, g Augenblickslaute, d. h. ihr Artikulationsverlauf von sehr kurzer Dauer, so können die Laute m, n, $ŋ$ ebenso lang wie die Mundöffner und wie die Engelaute gehalten werden, weshalb sie auch Dauerlaute heissen. Dass sie den Lauten p, t, k bezüglich der Örtlichkeit der Schlussbildung entsprechen, werden wir im folgenden sehen.

Bildung des m. Der Verschluss wird wie bei p bilabial gebildet. Nur wird dieser, wie schon gesagt, nicht gelöst, sondern der Luftstrom entweicht durch die Nase, nachdem er zuvor die Stimmbänder in Schwingungen versetzt hat. Victor bezeichnet m als den natürlichsten aller Laute. —

Wenn Victor von Wörtern wie »Schmerz«, »Tmesis«, »Smaragd« sagt, dass das m in denselben nach Stimmlosen »Gelegenheit zum Stimmloswerden« hat, so kann ich nach meinen diesbezüglich angestellten Versuchen ihm nicht beipflichten; ich halte dafür, und meine Meinung ist auch von anderen bestätigt worden, dass auch hier m stimmhaft ist. —

Wir rechnen m zu den Lippenlauten mit Nasenöffnung.
Schreibung:
$m = m$: Mutter, Magd, mein, Miene, — Amen, Ulme, Hymen, — arm, warm, Alm, Ulm.
mm: Amme, immer, Imme, — Kamm, Stamm, stumm.

Der Laut n.

Bildung: Ist bezüglich des Verschlusses m dem p verwandt, so ist dies mit n und t auch der Fall, da bei n wie bei t der Verschluss mittels der Zungenspitze an den Alveolen hergestellt wird. Die Luft entweicht auf demselben Wege wie bei m, die

Stimmbänder in Schwingungen versetzend. — *n* ist wie *t* ein Zungenspitzen-Schlusslaut, jedoch mit Nasenöffnung und dauerndem Mundschluss. — Auch hier muss ich mich gegen Vietor erklären, welcher meint, dass »nach Stimmlosen der Laut oft ganz oder halb stimmlos« wird. Ich spreche (und habe es auch anderwärts gefunden) das *n* in Wörtern wie: »schneiden«, »Knie«, »kneifen«, »pneumatisch« stets mit Stimme.

Schreibung:

$n = n$ Name, Nummer, nehmen, — Leine, Lina, Biene, — sieben, neun, zehn, fehlen.

nn: Anna, Pfanne, Finnland, — Mann, kann, Bann.

Der Laut η (ng).

Bildung: Wie es nasale Mundöffner giebt, so giebt es auch einen nasalen stimmhaften Mundschliesser. Er gleicht im Verschluss dem *k*; man bildet letztern also für gewöhnlich am harten Gaumen, lässt jedoch, und das ist der Unterschied, die Luft wie bei *n* durch die Nase gehen. Der Stimmton fehlt auch hier nicht. — Mit bezug auf seine Bildung ist der Laut ein Hinterzungen-Gaumenbein-Schlusslaut mit Nasenöffnung.

Sprechfehler: Die Aussprache dieses Lautes fällt oft Kindern schwer; sie wenden dafür blosses *n* an. — In Gegenden, wo slavisches Idiom vorherrschend ist, also auch in Oberschlesien, wird der Laut von Erwachsenen, die das Deutsche erst später erlernt haben, im Inlaut meist falsch gesprochen. Da hört man: *singen* statt *siŋen*, *laŋje* statt *laŋe* u. s. w.[1]) Geradezu traurig ist es aber, wenn Lehrer, die täglich die deutsche Sprache lehren sollen, diesen Laut selbst richtig zu sprechen sich nicht bemühen, ihn natürlich auch nicht richtig sprechen lassen. Sie machen damit entweder dem auf dem Seminar genossenen deutschen Sprachunterrichte oder — ihrer eigenen Auffassungskraf Schande.

Schreibung:

η = *ng*: singen, ringen, Runge, Zunge, — lang, Fang, Gesang.

η*k* = *nk*: winken, hinken, — Dank, — Schrank.

η = *gn*: Agnes, Magnat, Magnet.

---

1) η wird im Auslaut in manchen Gegenden wie η, in anderen wie η*k* gesprochen, also: *laŋ*, *Riŋ*, und; *laŋk*, *Riŋk*. — Ich möchte mich aus verschiedenen Gründen für letztere Aussprache entscheiden.

des Ansatzrohres.

(In Anlehnung an Techmers Anordnung s. Intern. Zeitschr. I, 162.)

Artikulierende Teile in der Mundhöhle.	Engelaute		Schlusslaute		
	ohne Stimmton	mit Stimmton	ohne Nasenöffnung. ohne Stimme / mit Stimme	mit Nasenöffnung.	mit Zitterschl.
a) Mittlere Artikulationen.					
1. des Zungenrückens:					
Hinterzunge, Gaumensegel.	—	—	k(vorn)g(vorn)		r
Hinterzunge, Gaumenbein,	ch	—	k, g		—
Mittelzunge, Gaumenbein,	ch	j	k vorn, g vorn	v	—
Vorderzunge, Gaumenbein.	—	—	k vor i, g vor i		—
2. der Zungenspitze:					
Vorderzungenrücken-Spitze, Gaumenbein,	sch	j, g = sch	—		—
Zungenspitze, Alveolen,	s	z	t, d	n	r
Zunge, Zähne.	s	z	—		—
3. der Lippen:					
Unterlippe, Oberzähne,	f, v	w	—		—
Ober-, Unterlippe.	—	w	p, b	m	—
b) Seitliche Artikulation.					
Zungenspitze, Alveolen.		l			

Zusatz.

Wir haben im Vorstehenden die Bildung der im Deutschen vorkommenden Laute besprochen. Bedingend für ihr Zustandekommen ist vor allem aber der normale Zustand der Sprechorgane. — *Mit welchen Fehlern können dieselben behaftet sein?* Ein bei Kindern oft zu beobachtender Fehler, der bei der Sprachentwickelung meist schwer ins Gewicht fällt, ist der Mangel an Vorderzähnen. Gerade in der Kindheit vollzieht sich der Zahnwechsel, und dadurch kommt das Kind in die Lage, den Lauten *s*, *sch* nicht ihr ihnen eigentümliches Geräusch geben, ja sie bisweilen gar nicht bilden zu können. Auch zu weit von einander abstehende Zähne beeinträchtigen die Bildung der genannten Laute. — Meistens mehr auf Angewöhnung beruht das sogenannte Anstossen mit der Zunge. Es wird nämlich bei der *s*-, *sch*- und *t*-Bildung die Zunge zwischen die Zähne geschoben, wodurch ein lispelndes Beigeräusch entsteht. Freilich kann aber auch die Erscheinung in einer zu geringen Zungenlösung ihren Grund haben. — Weiter kann aber auch die Zunge bezüglich ihrer Form anormal sein, indem sie nämlich zu dick ist. Dadurch würden, abgesehen von unbeholfenem Sprechen im allgemeinen, die Laute *l*, *r*, *t* und *k* im besonderen leiden. Die beiden erstgenannten Laute werden auch schlecht gebildet, wenn die Zunge nicht gehörig gelöst ist. (Zweiter Nachtheil bei diesem Fehler). Hill, ein in praktischer wie theoretischer Hinsicht bedeutender Lehrer der Taubstummen, zählt in seinem »Vollständige Anleitung zum Unterricht taubstummer Kinder« unter den Fehlern an den Sprechwerkzeugen auch einen am weichen Gaumen vorkommenden Schaden auf. So kann der Fall eintreten, dass derselbe seitlich verdickt ist. Durch eine dadurch hervorgerufene Verengung des Schlundes wird auf die Gestaltung des durch das Ansatzrohr gebildeten Resonators eingewirkt; die Folge davon ist die Beeinträchtigung des Stimmklanges bei den stimmhaften Mundöffnern. — Beim gänzlichen Mangel des Gaumensegels werden die Mundengeschlusslaute, ausgenommen die nasalen Mundschliesser, gar nicht zu bilden sein. Auch die Mundöffner werden nasale Resonanz bekommen — Endlich können aber auch aus verschiedenen Ursachen die Lungen zu schwach sein, um die nötige Stärke dem Ausatmungsstrome zu geben, um aber auch die nötige Menge Luft anfzunehmen und sie dann zur Lautbildung zu verwenden. Ist vollends der Kehlkopf *i. b.* die Stimmbänder krank, so liegt es auf der Hand, dass die Lauterzeugung, besonders aber das Hervorbringen der stimmhaften Laute sehr schwierig, wenn nicht unmöglich wird.

4. Die Laute in ihrer Verbindung.
(Silbe, Wort, Satz.)

Im vorigen Teile dieser Schrift haben wir die Laute als Einheit betrachtet und dieselben analysiert. Wir sahen, dass sie nicht die Elemente der Sprache, vielmehr das erste Produkt der Synthese seien, da sie aus dem Zusammenwirken mehrerer Bewegungen hervorgehen. Wir bleiben nun auf dem Wege der Synthese nicht stehen, sondern schreiten auf demselben fort und betrachten zunächst das zweite Ergebnis der Synthese, die

Silbe.

Was verstehen wir unter Silbe? Suchen wir im folgenden diese Frage zu beantworten.[1] — Bei der Besprechung eines einzelnen Lautes haben wir nur die Zeit im Auge gehabt, in welcher alle Bewegungskräfte gleichzeitig wirkten, unbekümmert darum, was vordem und nachher geschah. Gerade auf das Vorher und Nachher der Laute müssen wir bei der Lautverbindung zur Silbe achten, da in der Silbe ein Laut in den andern übergeht und stets die Entstehung des nachfolgenden von dem vorhergehenden beeinflusst wird und umgekehrt. Schon hieraus ist ersichtlich, dass die Silbe nicht wie der Laut ein gleichzeitiges Nebeneinander (nämlich der Bewegungen), sondern *ein Nacheinander der Laute* ist. Nun ist die Wahrnehmung zu machen, dass in jeder Silbe ein Laut hervortritt, die andern hingegen an Stimmstärke diesem nachstehen, ja noch weiter, dass in derselben eine Zu- und Abnahme der Stimmstärke stattfindet, also ein crescendo und ein decrescendo. Man hat nun in der Wissenschaft die Laute der Silbe je nach ihrer Stellung als betonte

---

[1] S. Techmer, Intern. Zeitschrift etc. I, S. 167.

oder in abhängigem Verhältnis zu den letzteren stehende Laute verschieden bezeichnet. So wird in der Silbe, die in ihrer Gestaltung mit einem Berge zu vergleichen ist, der hervortretende Laut als der **Silbengipfel** bezeichnet, während die im crescendo stehenden Laute **Silbenaufgang**, die im decrescendo stehenden Laute **Silbenniedergang** heissen. Techmer nennt den Laut im Silbengipfel **Phon**, die anderen im Silbenauf- und niedergange, gleichviel ob sie auf das crescendo oder decrescendo entfallen, **Symphone**. Sievers bezeichnet den ersteren Laut mit **Sonant**, die anderen Laute mit **Konsonanten**. Schon wegen der Mehrdeutigkeit der letzten Bezeichnung kann ich mich nicht für dieselben erklären.

Welche Laute sind nun Phone, welche Symphone?[1]) Meistens stehen die Mundöffner im Gipfel der Silbe und übernehmen die Mundschliesser die Rolle der Symphone. Doch dass keine Regel ohne Ausnahme ist, werden wir auch in diesem Falle sehen. Nur volltönende Laute eignen sich meist als Phone, und hierher gehören, wie wir schon anführten, die Mundöffner, diesen voran das *a*. Mit Rücksicht auf die Klangfülle, die noch übrigen Laute ordnend, hätten wir hinter den Mundöffnern die ebenfalls stimmhaften Nasale und die stimmhaften Mundengelaute zu verzeichnen, worauf endlich die übrigen Mundengeschlusslaute folgen würden. — Vietor bezeichnet den Phon auch als »Träger der Silbe«, an welchen sich die mittönenden, klangschwächeren Laute anhängen. Genannter Phonetiker bemerkt dann weiter[2]): »Hat sich soviel an den Silbenträger angeschlossen, als er tragen kann, so fällt ab, was keinen Hilfsvokal sich zu verschaffen weiss, oder nicht selbst Schallstärke genug besitzt, um sich als Silbe geltend zu machen.« Das eben Gesagte bringt uns auf die oben angedeutete Ausnahme. Ausser den Mundöffnern können mithin auch Laute mit geringerer Klangfülle Silbenträger werden, wenn auch nur in vereinzelten Fällen, z. B. in Interjektionen, wo Mundengelaute, wie *r*, *s*, *sch*, als solche auftreten (*brr*, *bst*, *bscht*.)

So gelangen wir zu folgender Definition des Begriffes »Silbe«:

---

1) Nach Vietor.
2) Elemente der Phonetik, Seite 211.

Sie ist uns ein Phon mit seinen ihm zugehörigen Symphonen, die mit einem einheitlichen, ununterbrochenen Ausatmungsdrucke gesprochen werden, oder auch nur ein Phon, der in seinem Klange ein Steigen und Fallen des Stimmtones merken lässt. —

Was die Silbentrennung betrifft, so finden wir keinen physiologischen Grundsatz in der Praxis durchgeführt. Es wird sich da zumeist um die zwischen zwei Phonen liegenden Symphone handeln, ob sie zum ersten oder zweiten Phon zu zählen sind. Victor rät, da, wo irgend ein System der Silbentrennung besteht, immer zu untersuchen, was die Sprache und was die Grammatik geschaffen hat.

Ehe wir zur Betrachtung des Wortes übergehen, müssen wir uns noch *die Stellung der Laute in der Silbe, bezw. ihre Veränderungen, die sie in den verschiedenen Stellungen erfahren*, vergegenwärtigen. Wir wissen, dass der am Anfange der Silbe stehende Laut Anlaut, der am Ende stehende Auslaut heisst, während die innerhalb der Silbe sich befindlichen Laute als Inlaute bezeichnet werden. Nun ist es einleuchtend, dass der Inlaut nach zwei Seiten von den ihm zunächst stehenden Lauten, der Aus- und Anlaut zunächst nach einer Seite beeinflusst wird, falls sie, die beiden letzteren, nicht selbst im Worte oder Satze zu Inlauten werden. Winteler stellt hierzu folgendes Gesetz auf: »Im allgemeinen gilt der Satz, dass bei der Berührung zweier Laute die beiden Lauten gemeinschaftlichen Artikulationsbewegungen thunlichst nur einmal ausgeführt werden.«

Wir beginnen unsere Betrachtung mit den Mundöffnern und fragen: Wie verhalten sie sich als An-, In- und Auslaute der Silbe? Es dürfte dem Laien befremdlich erscheinen, wenn Victor behauptet, dass die stimmhaften Mundöffner im Deutschen »streng genommen« im Anlaute nicht vorkommen. Und doch ist dem so. Sprechen wir: Abend, Ulme, Ofen, Eber, Ibis, immer werden wir merken, dass dem a, u, o, e, i ein den Verschluss im Kehlkopfe durchbrechender Luftstrom mit entsprechendem Geräusch vorangeht. Folgt der anlautende Mundöffner einer Silbe auf eine andere Silbe, dann fällt der Kehlkopf- bezw. Stimmbandschluss weg, selbstverständlich auch die mit Geräusch vor sich gehende Öffnung desselben, da der in Rede stehende Mundöffner jetzt zum Inlaut geworden ist. — Wie er als solcher beeinflusst wird, dies haben wir im vorigen Teile zur Genüge gezeigt, und wir dürfen wohl, um nicht zu wiederholen, auf das bei den stimmhaften Mundöffnern Gesagte verweisen. — Vom auslautenden Mundöffner ist zu bemerken, dass er, den Neutralvokal e abgerechnet, für gewöhnlich lang ist, z. B. da, Mama, Kru, Juli, See, so, Heu, miau. —

Übergehend zu den Mundschliessern betrachten wir sie zuerst auch im Anlaute. Laute wie *p*, *t*, *k*, also mit starkem Luftdruck gesprochene, nehmen den Hauch mit auf den nächsten Mundöffner über, so dass sich zwischen beide der stimmlose Mundöffner *h* schiebt. Es ist dies beispielsweise beim Sprechen folgender Wörter zu merken: Kuh, Pinie, Palme, Posen, Tod, Tinte, immer hört man K^{h}uh, P^{h}inie, P^{h}alme, P^{h}osen, T^{h}od, T^{h}inte, am besten macht man die Wahrnehmung, wenn man diese Wörter mit Flüsterstimme spricht. Dieses eingeschobene *h* fällt aber sofort weg, wenn ein *s*, *sch*, *f* dem Verschlusslaute vorausgeht oder folgt, also Stein, Spiess, Skabiose, zu, Pfanne, oder auch, wenn zwei Schlusslaute einander benachbart sind, wie in: Ptolemäus.[1] — Inlautend findet man stimmlose und stimmhafte Mundschliesser, unter letzteren auch die sogenannten Liquiden *l*, *m*, *n*, *ŋ*, *r*; jedoch werden die stimmhaften Mundschliesser ausser den Liquiden im Inlaute ebenfalls stimmlos, wenn auf sie unmittelbar ein stimmloser Mundöffner folgt, also A*p*sicht, gie*p*t, ha*p*t; aber: Ar*m*, Wa*n*t, A*m*t. Finden sich inlautend zwei gleiche Verschlusslaute nebeneinander, so wird der Verschluss nur einmal gebildet, also nicht Em + ma, sondern Ema, wobei das *m* so lange zu halten ist, als die Artikulationsdauer für beide *m* zusammen betragen würde. Hierher gehört auch, was wir oben über die Artikulation von *pm*, *bm*, *tn*, *dn* sagten (Vergleiche S. 44 u. 45.) — Im Auslaute stehen von Mundschliessern nur *r*, *l*, *m*, *n*, *ŋ*, also die Liquiden und im übrigen stimmlose Mundschliesser. Dass sonst kein stimmhafter Mundschliesser im Auslaut vorkommt, zeigten wir schon im dritten Teile dieser Arbeit. Wird auch schriftlich der stimmhafte Laut ausgedrückt, gesprochen wird halt doch immer

---

[1] Vgl. Vietor, Elemente etc. S. 216.

der ihm entsprechende stimmlose. Man schreibt gieb und spricht gip, man spricht Lob als Lop? Hang als Hank, Leid als Leit; in kam, Wahn, Wahl, gar behalten hingegen *m*, *n*, *l* und *r* den Stimmton. —

Der Phon zeichnet sich vor den Symphonen, dies möchte ich noch hervorheben, durchaus nicht durch gesteigerten Stimmton, sondern durch die Verstärkung des Ausatmungsstromes aus. Freilich geschieht es oft, dass Verstärkung des Ausatmungsstromes und Steigerung des Stimmtones zusammenfallen. — Hiermit berühren wir das Kapitel »*Accent.*« — Dieser Ausdruck wird sowohl »auf die Bezeichnung von Verhältnissen der Exspirationsstärke« wie auch »in bezug auf Tonhöhe« angewandt. Bei der Silbe unterscheidet Sievers »Exspirations«- und »tonischen« (musikalischen) Accent. Wir befassen uns nur mit ersterem, da letzterer mehr vom grammatischen Standpunkte aus zu betrachten ist. Der Exspirationsaccent, der auf dem Phon ruht und diesen Laut eben zum Phon macht, bedarf zu seiner Bildung dreier Faktoren: erstens eines verstärkten Ausatmungsstromes (daher der Name), zweitens einer mehr energischen Stimmbandartikulation und endlich neben einer grösseren Öffnung des Ansatzrohres einer längeren Dauer. — Wie schon hervorgehoben, entfällt der Silbenaccent auf den in der Silbe befindlichen Mundöffner. Sind nun zwei Mundöffner, also ein Diphthong, in der Silbe, so erhält der erste oder der zweite Mundöffner den Accent und wir sprechen dann von einem fallenden bezw. steigenden Diphthong (nach Vietor).

Eine weitere Station auf dem Wege der Synthese ist die nächst höhere phonetische Einheit, das

Wort,

welches aus einer oder mehreren Silben besteht. Was über die Silbe gesagt wurde, lässt sich zum Teil auch auf das Wort übertragen. Beim Wort sind die psychologischen und grammatischen Funktionen vorzugsweise zu beachten, wir aber wollen hier nur einige Bemerkungen phonetischer Art an den Begriff »Wort« knüpfen.

Fanden wir in der Silbe unter- und übergeordnete, auch

nebengeordnete Laute, Phone und Symphone, so treten im
Worte an die Stelle der Laute die Silben, so dass auch über-
und untergeordnete, bezw. nebengeordnete Silben zu unterscheiden sind. Diese werden durch den auf sie entfallenden
Accent auf die ihnen zukommende Wertstufe gestellt. Ist das
Wort einsilbig, so wird der Silbenaccent zugleich auch der
Wortaccent sein. In mehrsilbigen Wörtern finden wir den
Accent fast stets auf der Silbe, die als Stammsilbe bezeichnet
wird und Trägerin des Sinnes ist. Was Sievers unter em-
phatischem Wortaccent begreift, ist bezüglich seiner Entstehung
gleich mit dem exspiratorischen Silbenaccent. — Dass wir uns
vom phonetischen Standpunkte aus auch nicht mit dem tonischen
Wort- und Satzaccent befassen können, liegt klar auf der Hand;
denn wenn der letztgenannte Phonetiker vom tonischen Silben-
accente (si he oben) sagt: »In den monotoneren Sprachen aber,
wie der deutschen ...., dienen die verschiedenen tonischen Silben-
accente fast nur mit zur Charakterisierung der verschiedenen
Satzarten«, so können wir dasselbe auch von dem tonischen
Wort- und Satzaccent sagen. Deren Betrachtung wird Gram-
matikern und Psychologen als Aufgabe zufallen.

Das wenige, was über den

Satz

noch zu sagen bleibt, bezieht sich auf seine Zusammensetzung
und den emphatischen Satzaccent.

Der Satz, eine phonetische Einheit ebenfalls wie Wort und
Silbe, besteht, phonetisch betrachtet, nicht aus Wörtern, sondern
aus Gruppen von Wörtern, die Satztakte genannt werden.
Solcher Satztakte kann ein Satz einen oder mehrere haben.
Beispiel: Es ist der Vater mit seinem Kind. Dieser Satz hat
4 Takte: esister fatermit/seinem/kint/, oder vier phonetische
Gruppen, von denen jede durch einen Accent ausgezeichnet
wird. (Sievers bemerkt hierzu mit Recht, dass gerade von
sprachlich weniger Gebildeten diese Teilung viel eher als die
begriffliche Satzanalyse erfasst wird.) Nun kann man sich
leicht denken, dass jeder Satztakt, abgesehen von einem hier
und da auftretenden unbetonten Auftakte, (in unserm Beispiel:

es), mit der den Accent tragenden Silbe beginnt und von da bis zum Ende des Taktes ein decrescendo eintritt. Sind in einem Satze nur zwei- und dreisilbige Wörter, so tritt der Fall ein, dass sich Wort und Satztakt decken. Verschiedene Abteilung der Satztakte in einem und demselben Satze geben verschiedenen Sinn.

Was ist nun der emphatische Satzaccent? Es ist dies der Nachdruck, der auf den am stärksten betonten Mundöffner im Satze entfällt, z. B. der Mann rúft; das Kind lácht; die Kátze fängt die Máus. In den genannten Sätzen liegt der Accent auf dem Prädikat oder dem Objekt, und dies ist die Regel. Bei der gewöhnlichen Satzstellung (Prädikat hinter dem Subject) findet man, dass der Satz in einem crescendo steht, doch ändert sich dies sofort mit der Umstellung der Satzteile. — Da der emphatische Satzaccent gerade wie der exspiratorische Silben- und emphatische Wortaccent das Ergebnis ein und derselben Faktoren sind, so können wir vom phonetischen Standpunkte aus schon der Einfachheit halber einen **Silben-, Wort- und Satzaccent** unterscheiden. —

Anhang.

Die Lautumschrift (Transskription).

Soll der Zweck dieser Schrift voll und ganz erreicht werden, soll nämlich der angehende Phonetiker durch ihr Studium in den Stand gesetzt werden, grössere und wissenschaftlich gehaltene phonetische Werke zu lesen, so dürften einige Bemerkungen über die Lautumschrift noch am Platze sein. Wir beantworten zunächst folgende Fragen:

1. Was ist Lautumschrift?
2. Weshalb bedient man sich derselben?
3. Welchen Anforderungen hat dieselbe zu entsprechen?

Was ist Lautumschrift? Wir haben bei der Besprechung der Lautbildung die Erfahrung gemacht, dass einesteils unsere Lautzeichen für die Bezeichnung aller unserer im Deutschen vorkommenden Laute nicht ausreichen, dass sie andrerseits wieder für die Verbindung mehrerer Laute stehen: also einmal ein Zuwenig, das andre Mal ein Zuviel. Vor allem ist es, wie wir bald sehen werden, das Zuwenig, das den Phonetiker veranlassen muss, sich eine »Lautumschrift« zu schaffen, sich Hilfszeichen unter Anlehnung an unsere vorhandenen Lautzeichen zu bilden, mit deren Anwendung es ihm möglich wird, »für jeden Laut ein Zeichen« zu haben. Diese letzteren wendet er dann für solche Laute an, die nicht schon durch Zeichen in unserem Alphabete ausgedrückt werden können, deren sonst also nur hörbare Wirkung er aber auch schriftlich feststellen will. Immerhin kann man aber selbst mittels der Lautumschrift nicht *jeden* Laut der zusammenhängenden Rede darstellen, weil die Zahl der Zeichen in's Unendliche gehen müsste. Deshalb fragt es sich, *was* zu bezeichnen ist.

Sprechen wir *au*, *ai*, so gehen wir vom *a* nicht sofort (sprungweise) zum *u* bezw. *i* über, sondern der Übergang ist ein allmählicher unter Durchlaufen vieler Stationen. Alle diese Stationen zu bezeichnen, geht, wie gesagt, nicht an, und wir müssen demnach Auswahl treffen, nur die *Hauptstationen* bezeichnen, oder, wie Techmer sagt, solche Stellungen in ihrem gleichzeitigen Nebeneinander für das Auge fixieren, in welchem die lebendig gewordenen artikulatorischen Kräfte für einen Augenblick oder für eine gewisse Dauer in labilem Gleichgewicht sich befinden; selbstverständlich müssen sie hörbar und Ausdruck eines psychischen Inhalts sein. Übergänge sind nur dann zu bezeichnen, »wenn sie weder auf kürzestem Wege, noch mit geringstem Kraftaufwand, noch in normaler Zeit bewirkt werden.« Als solche Ausnahme führt Techmer den Fall an, wo die Zunge auf dem Wege von einer mittleren zu einer vorderen Stelle über eine hintere gelangt, oder wo sich der Übergang von Enge zur Öffnung mit eingeschalteter Schlussbildung vollzieht, oder wenn auf eine Nebenstation ein Nachdruck entfällt.

2. *Weshalb wendet man eine Lautumschrift an?* Diese Frage hat zwar ihre teilweise Erledigung schon in der Beantwortung der ersten gefunden; doch möge hier noch folgendes hinzugefügt werden: In der Phonetik kommt man oft in die Lage, schriftlich anzugeben, wie ein Wort, ein Satz in dieser oder jener Gegend gesprochen wird, also die hörbaren Laute für den Gesichtssinn darzustellen, das akustische Bild in ein optisches umzugestalten. In der Musik haben wir die Noten zur Erreichung letzteren Zweckes, allein wenn auch die Notenschrift, freilich in sehr umständlicher Weise, sich für die Bezeichnung der Vokalklänge verwenden liess, so wäre sie doch für die schriftliche Darstellung der Geräuschlaute überhaupt nicht zu gebrauchen. — Sehr wichtig ist ferner die Lautumschrift beim Lehren und Lernen einer lebenden oder toten fremden Sprache. Hier ist nicht, oder doch nur in seltenen Fällen Gelegenheit, die betreffende Sprache von »Eingeborenen« zu hören. Als Ersatz dafür nehmen wir dann die Zeichen, die die Organstellungen angeben, bei welchen die der fremden Sprache eigentümlichen Laute hervorgebracht werden.

Wir bedürfen somit einer Lautumschrift, um die hörbare Lauterscheinung, die mit dem Schall vergeht, für das Auge zu erhalten, um so imstande zu sein, »die lebendige Aussprache von Sprachen, welche in geringerer oder grösserer Entfernung gesprochen werden, oder vor kürzerer oder längerer Zeit gesprochen worden sind, zu bezeichnen, um die Sprachen zu lehren, um ihre Lautverhältnisse zu vergleichen, Laut- und Artikulationsgesetze ausfindig zu machen u. s. w.« (Techmer).

3. *Welchen Anforderungen hat die Lautumschrift zu entsprechen?* Wir stellen folgende Grundsätze hierzu auf: 1. Zuerst sind die dem Alphabet angehörenden Lautzeichen, die dem phonetischen Prinzip entsprechen, aber auch nur insoweit, zur Lautbezeichnung in der Umschrift zu verwenden. 2. Für die Laute, die für gewöhnlich durch mehrere Zeichen dargestellt werden, und für solche, die im Alphabet keine Berücksichtigung gefunden haben, sind unter möglichster Anlehnung an die schon vorhandenen Lautzeichen Hilfszeichen zu setzen. 3. Für die im Alphabet vorkommenden zusammengesetzten Laute und für die Diphthonge sind die den Komponenten zukommenden Zeichen zu setzen. 4. Es empfiehlt sich, für die Umschrift die kleinen Buchstaben der Kursivschrift zu verwenden. 5. Bei Feststellung der Hilfszeichen ist auf die typographischen Verhältnisse zu rücksichtigen. 6. Man vermeide Überflüssiges zu bezeichnen. 7. Die Umschrift muss leicht zu erlernen, deshalb einfach und, geschrieben oder gedruckt, leicht lesbar sein. 8. Diesem letzten Grundsatze wird entsprochen, wenn »Gleiches durch Gleiches, Ähnliches durch Ähnliches und Unähnliches durch Unähnliches« bezeichnet wird.

Proben in einigen Lautumschriften.

Dass es sehr schwer ist, eine Allen genügende Lautumschrift zu schaffen, dürfte schon aus dem eben Gesagten hervorgehen, ebenso beweist es der Umstand, dass man bis jetzt noch zu keiner einheitlichen Umschrift gelangt ist. Jeder Phonetiker fast bildet sich seine eigene, und wer dies nicht will, hat »mit der Wahl die Qual«. — Da mir Victor's Umschrift vollkommen genügt, habe ich dieselbe für meine Zwecke angenommen, umsomehr, als sie auch den oben aufgestellten Grundsätzen entspricht. — Im Nachfolgenden gebe ich den Schlüssel für dieselbe nebst phonetischen Schriftproben.

Schlüssel: $\bar{a}$ (da)[1], a (das), ai (Ei), au (laufen), $\bar{u}$ (du), u (Mutter), $\bar{o}$ (Rose), o (Gott), oi (Heu), $\bar{e}$ (Bär), e (fett), $\bar{e}$ (ade), $ə$ (gabe), $\bar{\imath}$ (die), i (bin), $\bar{ö}$ (Höhle), $ö$ (Köpfe), $\bar{ü}$ (übrig), $ü$ (Hütte), h (Hauch), r (Zäpfchen-r), r (Zungen-r), $ɣ$ (gutturaler stimmhafter Reibelaut) $= g$ (Lage), c (gutturaler stimmloser Reibelaut) $= ch$ (Sprache), j (palataler stimmhafter Reibelaut) $= j$ (ja), $ç$ (palataler stimmloser Reibelaut) $= ch$ (frech, säugt), z (stimmhaft s- so), s (stimmlos s- Liste), $ž$ (Jalousie), $š$ (schön), $ts = z$ (zu), $ks = x$ (Axt), l (Land), v (Wasser, Vokal), f (Fach, Vetter, Philosoph), k, k^h (kahl), g (geben), t, t^h (tenor), d (da), p, p^h (Paar), b (bei), $ŋ$ (bange), n Name, m (mein), ' ist Zeichen für den Kehlkopfverschlusslaut bei anlautendem Mundöffner.

Proben[2]: 1. dər fīlō·zōfī līçt dər bəgrif dər visənšaft tsu grundə, durç velçən zī 'in īrəm vēzən 'unt 'ī rər 'aufgabə bəštimt 'ist, mac man zī 'aufasən 'als dī visənšaft šleçthin, 'odər 'als dī 'algemainə visənšaft nēbən dən bəzondərən. zelpst ven dī fīlō·zōfī nūr das štrēbən 'unt dī lībə tsum visən, 'ō dər das visəncolən 'ist, rō·durç das visən 'als tsīl 'unt tsvek fon 'allən deŋkən gəzetst virt, 'ist dīs visən, das zī līpt, vō·nāc zī štrēpt, desən reālītēt zī herfōrbriŋən vil, 'īr vēzən 'unt 'īr bəgrif, dər 'unaphēŋiç dafon bəštēt, 'op dī fīlō·zōfī dī visənšaft 'ist, velçə zī zain zol, 'ō dər 'op zī zelpst nūr 'im rērdən, 'in dər gəšiçtliçən 'entvikəluŋk, 'in 'ainəm 'unentliçən lēbən bəgrifən 'ist, vō das īdēal, velcəs 'in 'ī rəm bəgrifə gədact virt, noc niçt ēraiçt 'ist . . . . .

Der Philosophie liegt der Begriff der Wissenschaft zu Grunde, durch welchen sie in ihrem Wesen und ihrer Aufgabe bestimmt ist, mag man sie auffassen als die Wissenschaft schlechthin, oder als die allgemeine Wissenschaft neben den besonderen. Selbst wenn die Philosophie nur das Streben und die Liebe zum

---

[1] Die eingeklammerten Wörter enthalten bei dialektfreier Aussprache den betreffenden **Laut**, oder bezeichnen die Artikulationsweise.

[2] Nach meiner Aussprache, schulmässig.

Wissen, oder das Wissen-Wollen ist, wodurch das Wissen als Ziel und Zweck von allem Denken gesetzt wird, ist dies Wissen, das sie liebt, wonach sie strebt, dessen Realität sie hervorbringen will, ihr Wesen und ihr Begriff, der unabhängig davon besteht, ob die Philosophie die Wissenschaft ist, welche sie sein soll, oder ob sie selbst nur im Werden, in der geschichtlichen Entwickelung, in einem unendlichen Leben begriffen ist, wo das Ideal, welches in ihrem Begriff gedacht wird, noch nicht erreicht ist . . . . .

(Harms, Philosophie in ihrer Geschichte.)

2. muteršpräcə, mutərlaut,
vī zō vonəzam, zō traut!
'erstəs vort, das mīr 'əršalət,
zū̇səs, 'ərstəs līˑbəsvort,
'erstər toˑn, dən 'iç gəlalət,
klingəst 'ēˑviç 'in mīˑr fort!

špräˑcə, šȫn 'unt vundərbāˑr,
'ac, vī klingst dū zō klaˑr!
vil noc tīˑfər miç vərtīˑfən
'in dən raiçtūˑm, 'in dī praçt:
'ist mīˑrs doc, 'als 'op miç rīˑfən
vēˑtər 'aus dəs grābəs naçt.

'übəral vēˑt gotəs hauc,
hailiç 'ist vōˑl mancər brauc;
'abər zol 'iç bētən, danken,
gēp 'iç mainə līˑbə kunt:
mainə sēligstən gədanken
špreç 'iç vī dər mutər munt.

Muttersprache, Mutterlaut,
Wie so wonnesam, so traut!
Erstes Wort, das mir erschallet,
Süsses, erstes Liebeswort,
Erster Ton, den ich gelallet,
Klingest ewig in mir fort!

Sprache, schön und wunderbar,
Ach, wie klingest du so klar!
Will noch tiefer mich vertiefen
In den Reichtum, in die Pracht:
Ist mir's doch, als ob mich riefen
Väter aus des Grabes Nacht.

Überall weht Gottes Hauch,
Heilig ist wohl mancher Brauch;
Aber soll ich beten, danken,
Geb' ich meine Liebe kund:
Meine seligsten Gedanken
Sprech' ich wie der Mutter Mund

(Max von Schenkendorf.)

Noch einer zweiten Lautumschrift wollen wir gedenken, welche, der Victor's verwandt, insofern Kenntnisnahme beanspruchen darf, als sie von der internationalen »associacion fonétique«, deren Mitglied zu sein auch Verfasser dieses die Ehre hat, für die Vereinszeitschrift »Le maitre fonétique« angenommen ist. — Für das Deutsche gelten folgende Zeichen[1]):

Schlüssel: *h, p, b, t, d, k. g. m, n,* ꞥ *(= ŋ*[2])), *l, r, w*, (bilabiales), *f, v (= v), s, z, c (= š)*, ʒ *(= ž), ç, j, x (= c̄), ɢ (= y), ů (= ü), u, o (= ō),* ɔ *(= o),* ʌ *(= ā), a, œ (œ = u + e)(= ē̇), e, ȇ (= ē̆), i, î (= ī), w (= ö),* ᴏᴇ *(= ö̆), y (= ü), ǖ (= ü̆),* ə, ' Kehlkopfverschlusslaut.

Wer zwischen den beiden Umschriften, die hier verzeichnet wurden, zu wählen hat, dürfte sich wohl für die erstere entscheiden, da diese vor allem bedeutend einfacher schriftlich und typographisch darstellbar ist.

Proben: 1.[3]) ... *mœçtən di kolléjən, di mit dəm bishērijən rēç dər ɛprʌx'erlernuᵡ 'untsufrídən zint, dən noiən bətrétən, 'unt bauctainə tsum 'ausbau 'ainər metódə tsuzaməntraᵹən, dérən 'algəmainə 'ainfurux 'im 'intəresa dər júɢənt'ertsiuˣ dríᵡənd tsu ryncən 'ist. hofəntliç mérən ziç di ferzū̇ço, dénən di rejírux vółvolənt géjən'übərctét . . . . . .*

... Möchten die Kollegen, die mit dem bisherigen Weg der Spracherlernung unzufrieden sind, den neuen betreten, und Bausteine zum Ausbau einer Methode zusammentragen, deren allgemeine Einführung im Interesse der Jugenderziehung dringend zu wünschen ist. Hoffentlich mehren sich die Versuche, denen die Regierung wohlwollend gegenübersteht . . . . .

(Aus: Walter, Der neusprachliche Unterricht,
Le maitre fonétique, 1887, S. 407.)

---

1) Wir geben sie in der Reihenfolge, wie sie auf dem Umschlage der Monatsnummern der Zeitschrift stehen.

2) Vergleich mit Victor's Umschrift.

3) Aussprache des Verfassers der Abhandlung: »der neusprachliche Unterricht.«

ver 'imər 'übər 'arbait klaxt,
glaupt mir, das 'ər, zo lank 'əs taxt,
max kainən fivər rürən.
nûr dən 'axt 'iç 'als 'ẻrənman,
dəs tûn tsû jêdər tsait man kan
'aux 'on zain pralən əpürən.

Wer immer über Arbeit klagt,
Glaubt mir, dass er, so lang es tagt,
Mag keinen Finger rühren.
Nur den acht' ich als Ehrenmann,
Des Thun zu jeder Zeit man kann
Auch ohn' sein Prahlen spüren.

(Aus: Philosophus non semper tacens.)

Es kann nicht in unserer Absicht liegen, alle bestehenden Umschriften hier vorzuführen. Verfasser hat seinen Zweck erreicht, wenn der Leser, angeregt durch diese Bemerkungen über eine Lautumschrift, veranlasst wird, der Sache näher zu treten. Das wäre die Vorarbeit zur Lösung der orthographischen Frage im Sinne des phonetischen Prinzips. Möge letztere bald endgültig geregelt werden zum Heil und Segen für Lehrende und Lernende!

Bemerkung für die Tafel.

Uns interessieren hier besonders die Buchstaben ohne irgend ein Nebenzeichen; nur ist für *ch x, y*, für *sch s* und für stimmhaft *s z* gebraucht. Die Buchstaben befinden sich an den Artikulationsstellen für die resp. Laute. Aus der Tafel wird leicht die Artikulation zu ersehen sein, wie sie sich bei einem Laute vollzieht.

Sachregister.

(Die Ziffern bedeuten die Seitenzahl.)

A

Accent 56.
Adamsapfel 9.
Alveolen 14.
a-Laut 23.
Anlaut 54.
Ansatzrohr 13.
    nasaler Teil 13.
    oraler Teil 14.
Anstossen mit der Zunge 50.
Artikulation 18.
    mediane 21.
    laterale 21.
Artikulationsorgane 6.
Artikulationsstellen 15. 16.
Atmung: unwillkürliche 8.
    willkürliche 8.
    Grade derselben 8.
Atmungsorgane 6.
Augenblickslaute 47.
Ausatmung, Bedingung 7.
    Dauer 8.
Auslaut 54.

B

Bänderglottis 9.
Betonung 12. 56.
b-Laut 44.
Blaseöffnung 10.
bm 56.
Bronchien 8.
Bruststimme 11.
Bruststimmenge 10.

C

ch-Laut 38.
crescendo (Silbe) 53.

D

Darstellung, übersichtliche, der Mundengeschlusslaute 49.
Dauerlaute 47.
decrescendo (Silbe) 53.
d-Laut 45.
Diphthong 24.
dn 45.

E

Einatmung 8.
Eigentöne 15.
Eigengeräusche 15.
e-Laut 26.
emphatischer Accent 57.
Engenbildung 15.
Entstehung, Einteilung der Laute nach ihrer, 20.
Exspirationsaccent 56.

F

Fistelstimme 11.
f-Laut 34.
Flüstern 11.
Flüsterenge 10.
Funktion, Einteilung der Laute nach ihrer, 19.

G

Gaumen, harter, 13.

weicher 13.
Gaumensegel 13.
Geräusch 14.
Geräuschlaute 33.
Giessbeckenknorpel 9.
g-Laut 46.
Glottis, Enge 10.
    Schluss 10.
g_η 46.
gutturale Mundöffner 24.

H
Hauchenge 10.
Hinterzungenrücken 14.
Hinterzungen-Gaumenbeinlaut 21. 38. 45. 48. 49.
h-Laut 32.

I
i-Laut 28.
Inlaut 54.

J
j-Laut 38. 39.

K
Kehldeckel 13.
Kehlkopf 8.
Kehlkopfverschluss 10. 12. 54.
Kieferwinkel 14.
Klang 15. 33.
Klanglaut 15.
k-Laut 46.
k_η 46.
Knorpelglottis 9.
Komponent 24.
Konsonant 20. 33. 53.
Kopfstimme 11.
Kopfstimmenge 10.
ks 46.
kw 35.

L
Laute, Entstehung 18.

Laute, Begriffsbestimmung 19.
    Einteilung 20.
    Gruppierung 21.
Lautumschrift, Wesen 59.
    Anwendung 60.
    Anforderung an dieselbe 61.
Lippen 38.
Lippenvorhof 58.
Lippenlaut 34. 43. 47. 49.
Lippenzahnlaut 34. 49.
l-Laut 39.
Luftröhre 7.
Lungen 7.

M
Mittelzungenlaut 38. 45. 49.
Mittelzungenrücken 14.
mittlere Lautbildung 21.
m-Laut 47.
Mund 14.
Mundengelaute 33.
Mundhöhle, Bildung derselben, 14.
    Artikulation derselben 15.
Mundöffner 21.
Mundschliesser 33.
Mundschlusslaute i. e. S. 41.
musikalischer Accent 56.

N
nasale Mundöffner 32
nasaler Mundschliesser 48.
Näseln 15.
Nase 13. 16.
Nasenartikulation 15. 16.
Nasenlöcher 13.
Nasenresonanz 16.
n-Laut 47.
Neutralvokal 31.

O
Oberkiefer 14.
Oberstimme 11.
Oberstimmenge 10.

o-Laut 25.
ö-Laut 29.

P

palatale Mundöffner 26
Pause 8.
Phon 53.
Phonetik Wesen derselben 1.
    Aufgabe 2.
    theor.-praktischer Wert 3.
    ihre Bedeutung f. d Unterricht in der Volksschule 4.
p-Laut 43.
Plosion 42.
pm. 44.
Prinzip der Lauteinteilung 19.
Proben in Lautumschrift 62—65.

Q

qu = kw 35.

R

Resonanz 14. 15. 16.
Resonanzorgane 6.
Ringknorpel 9.
r-Laut 40.

S

Satz 57.
Satzaccent 58.
Satztakt 57.
Scheidewand der Nase 13.
Schildknorpel 9.
sch-Laut 37.
Schlüssel zur Lautumschrift 62. 64.
Schlund 13.
seitliche Lautbildung 21.
Silbe 52.
Silbenaccent 56. 58.
Silbenauf-, niedergang 53.
Silbengipfel 53.
Silbenträger 53.
Silbentrennung 54.

s-Laut 35.
Sonant 53.
Sprechorgane. Fehler derselben 50.
Sprechwerkzeuge 6.
Sprechen mit Einatmung 7.
sp. 37. 38.
s (süddeutsch) 36.
    (norddeutsch) 36.
st 37. 38.
Stellknorpel 9.
Stimmbänder, wahre, falsche 9.
    Indifferenz ders. 10.
    Abstände, verschiedene, 10.
Stimmbandartikulation 10.
stimmloser Mundöffner 32.
Stimmregister 11.
Stimmritze 9.
    Schluss derselben 12.
Stimmton 12.
Symphone 53.
System der Laute (Techmer) 20,

T

Taschen, morgagnische 10.
Taschenbänder 10.
t-Laut 44.
tn 44.
tonischer Accent 56.
Transskription 59.
ts 36. 37.

U

u-Laut 24.
ü-Laut 30.
Umlaute 29.
Unterkiefer 14.
Unterstimme 11.
Unterstimmenge 10.

V

Veränderungen der Laute in der Silbe 54.
Verschlussbildung 15.

Vokal 20.
    unbestimmter 31.
Vorderzungenrücken 14.
Vorderzungenrückenlaut 45. 49.
Vorderzungenrücken - Spitzen - Laut
    37. 49.

W

Wangen 14.
Wangenvorhof 14.
w (norddeutsch) 34
    (süddeutsch) 34.
Wort 56.
Wortaccent 57.

X

x = ks 46.

Y

y = ü 31.

Z

Zähne 14.
Zahnfortsätze 14.
Zäpfchen-r 40.
Zitterschluss 40.
Zunge 14. 14.
Zungenbändchen 14.
Zungenbein 14.
Zungenblatt 35.
Zungenrücken 14.
Zungen-r 40.
Zungenspitze 14.
Zungenspitzenlaut 35. 40. 44. 47. 49.
Zungenwurzel 14.
Zungenzahnlaut 35, 49.
z = ts 37.
Zwerchfell 7.

Wortregister.

(Die Ziffern bedeuten die Seitenzahl.)

A

Aachen 23.
Aal 23.
ab 24.
abblassen 44
Abend 23. 44. 54.
aber 44.
Absicht 55.
ach 24.
Adam 45.
Adda 45.
addieren 45.
ade 27.
Adel 45.
Ähre 28.
Ärger 28.
Affe 35.
After 34.
Agnes 48.
ai 24.
Akelei 46.
all 40,
allen 31.
Alm 47.
Amen 47.
Amerika 23.
Amme 47.
Amt 55.
an 24.
anhalten 33.
anheften 33.

Anna 48.
Arm 55.
arm 47.
Armee 27.
artig 23.
Asche 37.
assen 23.
Ast 36.
Aster 45.
Atem 31. 45.
au 24.
auch 39.
Auge 39.
Avancement 32.
Axt 46.
ay 24.

B

Bär 28.
baggern 46.
Balance 32.
Ball 40.
Bank 46.
Bann 48.
Bart 44.
Batzen 37.
Bauch 39.
Bauer 44.
Becken 46.
Bedarf 31.
Beere 27. 41.
Begier 46.

Behörde 30.
beide 45.
bekommen 46.
bequem 35.
bestehen 31.
bestreben 31.
Bett 45.
betrüben 45.
beredt 27.
Berg 39.
bewachsen 35.
Bewandnis 35.
bewegt 35.
Bier 44.
Biene 48.
bin 29.
bist 29.
bitten 31.
Bö 30.
Böhmen 30.
böse 30.
Böte 30.
Bogen 39.
bohren 26.
Boot 26.
brav 35.
bremsen 27.
Brigg 46.
Brot 44.
Bube 44.
Buch 25. 39.
Buche 39.

Bücher 89.
Bündnis 31.
bündig 31.
Butzen 37.
Bux 46.

C
Cäsar 37.
Censur 37.
Centimeter 37.
Chemie 39.
China 39.
Chor 46.
Christ 46.
chritlich 46.

D
da 23. 24. 55.
Dame 45.
Damm 24.
Dank 45. 48.
Demimonde 32.
des 27.
die 28.
Dieb 28.
Dogge 46.
Dresden 27.
du 25.
durch 45.

E
Ebbe 44.
Eber 54.
echt 39.
Eden 27.
Egge 46.
ehern 33.
ei 24.
Eid 45.
ein 24.
eilen 40.
eilend 45.
Elle 27.
Emma 27.

emsig 27.
Epheu 35.
Ernst 27.
erquicken 35.
erst 27.
es 27.
Esche 37.
Esel 27.
essen 31.
Esther 36.
Eva 27.
ey 24.

F
Fach 39.
fahren 41.
fallen 40.
Familie 39.
Fang 48.
fassen 36.
fasten 36.
Fayence 32.
fehlen 48.
Fenster 34.
fett 27.
Fibel 31.
Finnland 48.
Fisch 37.
Fistel 29.
flehen 33.
Flinte 34.
Floh 26.
flugs 46.
Föhn 30.
fort 26.
frass 23.
frech 39.
fressen 27.
frisch 37.
früh 30.
fühlen 30.
Fülle 31.
füllen 40.
Fürst 31. 34.

Funke 34.
Futter 25.

G
Gabe 46.
Gabel 31.
gar 41. 56.
Gas 23.
Geberde 27.
Gebot 31.
Gebrauch 31. 46.
Gebühr 30.
Geestland 27.
Geheiss 31.
gehen 46.
Gehör 30.
gelobt 31.
Gesang 48.
Getöse 30.
Gewehr 27.
gieb 56.
giebt 55.
Gig 46.
Gott 26.
Günther 45.
Gungl 31.
gut 25. 46.

H
ha 23. 24.
Haar 23.
haben 33.
habt 55.
Häuser 26.
Häute 26.
Hafer 34.
Haff 35.
Haide 24.
halt 33.
Ham 24.
Hammer 30.
Hang 56.
Hans 36.
hart 24.
hassen 36.

hast 33.
hausen 36.
Hedwig 27.
hehr 27.
hei 24.
Herr 30.
Heu 55.
heulen 26.
hin 29.
hinken 48.
Höhle 30.
Hort 26.
Hoyer 26.
Hoymgrube 26.
Hühner 30.
hundert 33.
Hunds 37.
hundsföttisch 37.
Hunger 25. 33.
Husten 25.
Hymen 47.

I

Ibis 54.
Ickelsamer 29.
Ida 28.
Igel 28.
ihm 29.
ihn 29.
ihr 29.
im 29.
Imme 29. 47.
immer 47.
in 29.
Isaak 28.
Ischl 31. 37.
Isel 28.
ist 36.

J

ja 39.
Jahr 24. 39.
Jesus 27.
jucken 25.
Juli 55.
Juno 39.

K

Kaffee 27.
kam 56.
Kamm 24.
kann 48.
Kanne 24. 47.
Kap 44.
Kappe 44.
Karre 41.
Karte 24.
Kasse 36.
kaufen 24.
Kehle 27.
Keil 46.
keimen 46.
Kette 45.
klar 44.
Kleid 45.
klettern 45.
Klöppel 30.
klopfen 41.
Knie 48
kneifen 48.
Köder 46.
Koffer 35.
Kohle 46.
Kommunion 39.
Konzert 45.
Korb 44.
krank 46.
Krebs 27.
Kru 55.
kühl 40.
kühn 30.
Kugel 39.
Kuh 55.
Kur 41
kurz 46.
Kuss 36.

L

lachen 39.
Lachs 36.
Lage 39.

Lahn 24.
Lamm 24. 40.
Land 40.
lang 48.
lau 48.
lauk 48.
las 23.
Latz 37.
lauf 34.
laufen 40.
Laut 45.
leck 46.
legt 39
Lehre 41.
leicht 39.
Leid 45. 56.
Leine 48.
Lemgo 26.
Leuchter 39.
Leute 26.
Leyden 24.
Licht 39.
lieb 28.
liegt 39.
Lina 48.
Lippe 29.
List 29.
Lob 56.
Loch 39.
Löcher 39.
log 39.
Lydia 31.
Lyrik 31.

M

Magd 47.
Magnat 48.
Magnet 48.
Major 39.
majorenn 39.
Mama 55.
manch 39.
Mann 48.
Marie 28.

Mass 23.
Masse 36.
matt 45.
mausen 36.
Max 46.
Mayer 24.
mein 47.
miau 55.
Miene 47.
Militär 28.
Mispel 29.
Mist 29.
Mitte 45.
Mönch 30. 39.
Mohr 26.
Moos 26.
Mühle 40.
müssig 36.
Muff 33.
Mull 40.
Muse 25.
Musik 46.
Musse 25. 36.
Mutter 47.
Myrte 31.

N

na 24.
Name 48.
nehmen 48.
nervös 35.
neun 48.
Nockerl' 31.
Nummer 47.

O

ob 26. 44.
ober 44.
Obst 26.
Ochs 36.
Oder 26.
öde 30.
öffentlich 30.
Öl 30.
österlich 30.

Österreich 30.
Ofen 54.
Offizier 35.
Ohlau 26.
Ohr 26.
Omen 26.
Onkel 31.
Oschatz 37.
Ostern 26.

P

Paar 23.
paff 35.
Palme 55.
Papa 44.
Parfum 32.
passen 44.
Paul 44.
peinlich 44.
Peitsche 44.
Pfanne 48. 55.
Pfeffer 35.
Pfingsten 29.
Pfuhl 25.
Philosoph 35.
Philosophie 35.
phlegmatisch 35.
Phonetik 35.
Pinie 55.
pneumatisch 48.
Polen 26.
Polizei 26.
Posen 55.
Probst 26.
Proviant 35.
Provision 35.
Ptolemäus 55.
Puddelwerk 45.
Puppe 44.

Q

Quadrat 35.
Quappe 35.
Quelle 35.
Quirl 35.

R

Rabatts 37.
Rad 41.
Rätsel 37.
rasen 36.
Recept 37.
Reck 46.
Recitator 37.
Regeldetri 28.
Regierung 46.
Reh 27.
Reifen 41.
rein 24.
Reis 41.
reizen 37.
Rhein 41.
Riga 46.
Rigi 46.
Riny 48.
ringen 48.
Rink 48.
Ritt 45.
Roggen 46.
roh 26.
Rostbrat'l 31.
Ruh 25.
ruhig 39.
Rum 25.
ruyer 32.
Runge 48.
rupfen 44.
Russe 36.

S

Sache 39.
Säbel 36.
säugt 39.
Schaf 34.
scheel 27.
Scheere 27.
scheeren 41.
Scherz 37.
Schloss 36.
Schmach 37.

Schmerz 47.
Schmutz 37.
Schnee 27.
schneiden 48.
Schock 46.
Schrank 48.
Schuh 25.
Schule 25.
Schurz 37.
Schuster 25.
schwach 37.
schwarz 37.
schwer 27.
Schwetz 27.
schwierig 37.
See 55.
Seele 27.
sehen 33.
Seife 36.
Sekondlieutenant 36.
sehr 27.
Sieb 28.
sieben 36. 48.
singen 48.
Skabiose 55.
Skandinavien 36.
Skat 36.
Skizze 36.
Smaragd 47.
so 26. 55.
Sommer 36.
Spange 37.
Spatz 37.
Spiel 40.
spielen 40.
Spiess 37. 55.
spitz 37.
sprechen 31. 37.
Sprung 37.
Stätte 45.
Stall 40.
Stahl 37. 40.
Stamm 47.
starb 44.

starr 41.
starren 41.
Steg 39.
stehen 33. 37.
Stein 37. 55.
Stiefel 34.
Stift 34.
still 40.
stossen 26. 37.
Strecke 46.
Strick 46.
Stuhl 40.
stumm 47.
stutzen 37.
summen 36.

T

Tafel 45.
Tag 39.
Tante 31.
Tatze 37.
taufen 24.
Teer 27.
Teint 32.
Telephon 27.
Thal 24.
Thaler 24.
Thäler 28.
thätig 28.
Tharan 24.
That 24.
Thee 27. 45.
Theodor 45.
thönern 30.
thöricht 30.
Thon 26. 45.
Thor 26. 45.
Thür 31. 45.
Thule 25.
thun 25.
Tinte 45.
Tmesis 47.
Tod 55.
trägt 39.

treiben 45.
Trieb 44.
Troddel 45.
Trost 26.
trügt 39.
Truppe 44.

U

über 44.
überdies 30.
Überdruss 30.
üblich 30.
übrig 30.
Uhr 25.
Ukas 25.
Ulm 47.
Ulme 47. 54.
um 25.
und 25.
Undine 45.
Union 39.
ungemütlich 30.
Ungetüm 30.
Ursache 25.
Urteil 25.

V

verkaufen 46.
Verstoss 35.
versuchen 35.
verzehren 37.
verzieren 37.
verzinnt 37.
verwildern 35.
Viadukt 35.
Vicomte 32.
Vieh 29. 35.
Viktor 35.
viel 40.
vier 35.
vierzehn 28.
vierzig 28.
Vögte 39.
Vokal 35.
vor 35.

W

Wachs 35. 36 46.
wacker 46.
Wächter 39.
wär 28.
Wahl 56.
Wahn 56.
wahr 24.
Walther 45.
Wand 55.
warm 35. 47.
warten 24.
weg 27.
Weh 27.
Weile 35.
weinen 35.
weinend 45.
Weizen 35.
wett 45.
wetten 45.
wiŋ 32.
wiŋer 32.
winken 48.
Wille 40.
Winter 35.
wirr 41.
Wissen 36.
wo 26.
Wort 45.
Wuchs 35. 46.
Würst'l 31.
wusch 37.

X

Xante 46.
Xantippe 46.
Xaver 46.

Y

Ypsilon 31.
Ysop 31.

Z

zehn 48.
Zier 37.
Zimmt 37.
Zinne 37.
Zorn 37.
zu 25. 55.
Zug 39.
zum 25.
Zunge 48.
zur 41.
zuvor 35.
Zweig 39.

Druckfehlerberichtigung.

S. 48 Fussnote lies: *laŋk* statt *lanŋk* und *Riŋk* statt *Rinŋk*.

Von demselben Verfasser ist in **Gräbners Verlag in Leipzig** erschienen:

Ueber Sprachentwickelung und die darauf sich gründende Einführung in den ersten Sprachunterricht in der Elementarschule.   60 Seiten.   1 M.

Vorstehende Schrift ist in hervorragenden pädagogischen wie politischen Zeitungen sehr beifällig beurtheilt worden.

Marburg. Universitäts-Buchdruckerei (R. Friedrich).

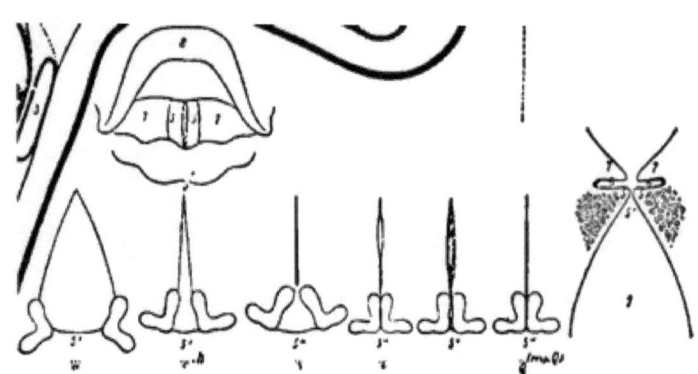